U0042766

恐怖矽谷
UNCANNY VALLEY
A Memoir

安娜・維納——著
Anna Wiener
洪慧芳——譯

UNCANNY VALLEY

A Memoir

Anna Wiener

目次

第一部 動機 INCENTIVES

十二　炒魷魚……………130
來上班的路上，我收到諾亞的簡訊，說他被解雇了。我抵達辦公室時，感覺好像踏進了殯儀館。「他們連跟他協商都沒有，一次也沒有。」一名銷售工程師難以置信地說：「他們就這樣解雇了最優秀的員工，只因為這裡沒有人有任何管理經驗。」

十三　掃興的女權主義者……………140
我希望部門的男性覺得我很聰明，能夠掌控局面，永遠不要想像我裸體的樣子。我希望他們平等地看待我——我比較在意別人是否接納我，而不是我對男人是否有性魅力。我想竭盡所能地，避免成為掃興的女權主義者。

十四　這工作，喝醉了也做得來……………145
執行長為了給客服團隊多一些閒暇的時間，決定指派工程師做我們的工作。我們花了一個早上開車前來這裡，在山中待了一天，需要處理的客服問題已經排了好幾個小時。大部分的人已經開始喝酒了，有些人整個下午喝個不停……

十五　揭弊者……………151
「拜託，」諾亞說：「我們是在一家監控公司上班。」我追問，他說的監控是指廣告技術嗎？我覺得數位廣告很煩，但從來不覺得那種東西特別惡毒——儘管我們的客戶很清楚，免費服務通常意味著用戶遭到某種程度的剝削。

第二部　規模
SCALE

我早就不再以真名從事公開活動了。我在所有對外通信中使用男性假名，這不僅有助於緩和緊繃的交流，對最無害的客服問題也有幫助。我親眼目睹，男人對男人的反應，就是跟他們對女性的反應不同。我的男性假名比我更有權威。

「我們有各種新科技能隨心所欲地應用，」男子說道：「自駕車、預測分析、無人機等等。我們如何把它們結合起來，變成完美的組合呢？」我問他，第一個從頭開始規劃的城市會在哪裡。但他一給出答案，我就後悔那樣問了。他答：「貨櫃。」

創投業者宣揚每週工作八十小時，大談毅力的重要。每當他們批評「追求工作與生活的平衡」太軟弱，或與創業成功所需的決心背道而馳時，我都很想知道，他們之中有多少人有行政助理、有多少人有私人助理，又有多少人兩者都有。

一名業務人員說：「超過四小時的航班應該讓員工訂商務艙。如果我能在飛機上睡個覺，我代表公司出差時，可以做得更好。」一名客服人員說：「我們可以登記那種每月配送的零食盒。」她的要求竟如此卑微，令我動容。

三二 科技，就只是生意罷了……………307
在科技業工作，讓我擺脫了個性中情緒化、不切實際、矛盾、麻煩的那一面——那部分的我想知道每個人的感受，想被感動，而且沒有明顯的市場價值。那些特質的價值不比科技人重視的特質來得低或高，兩者只是全然不同的價值罷了。

三三 總統大選……………317
選戰期間，矽谷受到愈來愈多關注。大家開始談論反托拉斯、消費品安全法規、專利與版權法，開始以批判的眼光看待網癮，以及科技公司如何導致經濟不平等加劇。人們開始意識到，社群網站上傳播著錯誤資訊與陰謀內容……。

▼後記……………325

▼謝辭……………333

動機
INCENTIVES

一　獨角獸崛起

有人說這是矽谷新創企業的顛峰，有人說是轉折點，也有人說是沒落的開始。總之，說法五花八門，端看你問的是誰——冷眼旁觀的人說那是泡沫，樂觀者說那是未來，而我那些未來的同事，對世界史的潛力充滿了期待，他們興奮地稱之為「生態系統」。一家人人討厭、但沒人離得開的社群網站公司，以上千億美元的估值上市。它的創辦人透過視訊通話軟體，隔空敲響了開盤的鐘聲，也為舊金山的平價租金敲了一記喪鐘。兩億人註冊了另一個微網誌平台，那個平台讓他們感覺自己更貼近名人，以及現實生活中討厭的陌生人。人工智慧與虛擬實境再次流行起來。大家覺得自駕車是無可避免的趨勢。一切東西開始轉為行動模式，搬上雲端。所謂的「雲端」，其實是在德州、愛爾蘭科克市（Cork）、或德國巴伐利亞（Bavaria）的某個不起眼的資料中心，但沒人在意這些，反正大家都信了。

這是充滿新樂觀的一年，那是一種沒有障礙、沒有限制、沒有餿主意的樂觀，一種對資本、權力、機會的樂觀。只要是金錢易手的地方，冒險進取的科技人與ＭＢＡ

必然會一擁而上。時不時就聽人提及「破壞」或「顛覆」（disruption），任何東西都很適合顛覆，或很容易遭到顛覆，例如樂譜、燕尾服出租、居家烹飪、購屋、婚禮規劃、銀行業務、刮鬍子、信用額度、乾洗、安全期避孕法等等，不勝枚舉。有個網站讓人出租私宅的閒置車道，他們向頂尖的創投業者募集了四百萬美元。另一個專攻愛犬市場的網站籌集了一千萬美元，它的寵物托顧與遛狗 app「顛覆」了十二歲孩童賺外快的市場。一個提供優惠券的 app 則讓無數無聊又好奇的城市佬，付費取得他們從來不知道自己需要的服務。有陣子，大家開始一窩蜂地打抗皺針、上空中瑜珈課、漂白屁眼，只因為那些活動有打折。

這是獨角獸時代的開端。所謂的獨角獸，是指投資者估計價值逾十億美元的新創企業。一位著名的創投業者投書某大國際商業報社，宣稱軟體正在吞噬全世界。後來無數創業募資簡報、新聞稿、人才招募訊息都引用了那個說法，彷彿它證明了什麼似的——彷彿那不是個粗淺又無聊的比喻，而是證據。

在矽谷之外，大夥兒似乎有志一同，不願把任何事情看得太認真。大家普遍認為，這次泡沫就像上次泡沫一樣，終究也會過去。與此同時，產業的發展已超出未來學家及硬體熱中者的範疇，融入我們的日常生活中，變得稀鬆平常。

其實我沒有意識到這點，也根本沒注意到這些，我的手機上甚至沒裝任何 app。

那時我剛滿二十五歲，在紐約布魯克林的邊緣租屋而居。那是一間滿是二手家具、彷如歷史遺跡的公寓，還有一個幾乎不認識的室友。我的生活不太扎實，但還算愜意。我在曼哈頓一家文學經紀公司擔任助理，有幾個可以讓我展現社交焦慮的好友。而我展現社交焦慮的方式，主要是耍孤僻，迴避他們。

但此刻，轉折點似乎愈來愈近了，我的生活開始出現瓶頸。每天我都想著申請研究所的事，工作對我來說已經易如反掌，毫無成長空間。當了三年的助理，幫人接電話時那種偷聽他人隱私的快感早已消失。我不想再用成堆遭到退稿的作品自娛自樂，也不想再把作者合約與版稅結算書歸檔收進我的抽屜（那裡明明不是它們的歸宿）。公餘之暇，我從一家小出版社接案，做做校對及編輯工作。近來那份工作也愈來愈少了，因為我和發案給我的編輯分手了。我們的關係一直很緊張，卻又難以割捨：那位編輯大我幾歲，我們曾論及婚嫁，但他不斷劈腿。我本來不知道他劈腿，直到某週末他借了我的筆電，歸還時忘了登出帳號，偷吃行徑才曝光。我看到他透過那個人人討厭的社群媒體，跟一名性感的民謠歌手聊了一些浪漫私密的事。那年，我比任何人都討厭那個社群媒體。

我對矽谷渾然不覺，也為此感到欣然自得。不過我可不是反對科技的老派守舊份子。在我懂得閱讀之前，就已經會使用滑鼠點擊內容了，我只是從來沒讀過財經商業版的新聞而已。就像一般上班族一樣，我清醒的時候，大部分的時間都盯著電腦，忙著打字及切換視窗。檔案底下的網路瀏覽器，不斷傳輸著令人分心的數位內容。在家裡，我浪費時間瀏覽著那些早該忘記的人所貼出來的照片與隨筆，或是搜尋以前和朋友互傳的電郵。我們在電郵中，經常聊一些不太專業的職場建議與交友建議。我也會上網瀏覽如今已停刊的文學雜誌的過期存檔，瀏覽我買不起的衣服，斷斷續續開了幾個充滿憧憬的私人部落格，給部落格取個〈有意義的生活〉（A Meaningful Life）之類的名稱，一心幻想它們能讓我過那樣的生活，但終究只是痴人說夢。儘管如此，我從未想過有一天我會成為在網路背後工作的人，因為我從來沒想過網路背後還有人。

我住在布魯克林的北部，那裡以手工巧克力廠出名，居民熱中談論都市農業。我跟生活在那裡的許多二十多歲的年輕人如出一轍，過著做作矯情的非數位生活。我以祖父留下來的老式中型相機拍照，再把相片掃描存入那台快報廢、風扇嗡嗡作響的筆電，然後將照片上傳到部落格。我到布希維克（Bushwick）〔1〕的樂團練習場，坐在破舊的喇叭或冰冷的暖氣機上，翻閱過期的知名雜誌，看著形形色色的樂手抽著捲菸、耍弄鼓棒或彈吉他，專心聆聽他們的即興演奏，以便他們來問我的意見，儘管他們從來沒問過我。我跟製作通俗讀物或實木家具的男人交往，其中一個還以「實驗烘焙師」自居。我的待辦清單總是包含一些充滿傳統風情的瑣事，例如：為我很少使用的唱機買一支新唱針，或是為我永遠不記得戴的手錶買一顆新電池；我也拒用微波爐。

在我看來，科技業若說對我的生活有任何重要意義，那只是因為我任職的產業對科技業有一些獨特的擔憂。一家一九九〇年代從網路上賣書起家的超級電商（它之所以賣書起家，不是因為創辦人熱愛文學，而是因為他熱愛消費者及消費效率），如今已變成買賣電器、電子用品、食品雜貨、大眾時尚、兒童玩具、餐具、各種中國製非必需品的平價數位基地。它在稱霸了零售市場後，又回頭顛覆老本行，實驗各種方式以摧毀出版業，甚至開始自己搞出版，因此遭到我的同業友人冷譏熱嘲，說它俗氣又無恥。我們忘了，其實我們有很多理由得感激那個網站，因為出版業靠著銷售性虐待與受虐（SM）及翻雲覆雨的吸血鬼暢銷小說撐起了營利數字，而那些小說便是由這家超級電商的自助出版電子書部門孕育出來的。短短幾年內，那名曾是避險基金經理人的創辦人成了世界首富，經歷了宛如蒙太奇的變身改造，只不過當時我們都沒關注他。對我們來說最重要的是，銷出去的圖書有一半是他的網站賣掉的。也就是說，它掌握了最重要的經商手段——定價與配銷——把我們玩弄於鼓掌之中。

我不知道科技業之所以崇拜這家超級電商，是因為它那競爭激烈、資料導向的企

1 譯註：布希維克是紐約市布魯克林北部的一個下層中產階級社區。

業文化；也不知道大家覺得它那獨特的推薦演算法（除了推薦描寫異常家庭的小說，還連帶推薦吸塵器的集塵袋、尿布等百貨商品）是頂尖、卓越、走在機器學習尖端的技術；更不知道它還有個獲利傲人的關係企業，販售雲端運算服務——計量付費制的龐大國際伺服器農場——為其他公司的網站和app提供後端基礎設施。我不知道，我們要是不貢獻銀兩給這家超級電商或它的創辦人，就幾乎不可能使用網路。我只知道我理當厭惡那家超級電商及它的創辦人，我也確實很討厭他們，而且一有機會就義憤填膺地大聲說出來。

整體來說，科技業對我而言，是個遙遠又抽象的概念。那年秋天，出版業因為兩大出版集團擬議的合併案而步履蹣跚，這兩大集團總共雇用了約一萬名員工，合併的總值逾二十億美元。一家價值二十億美元的大公司——這種權力與資金規模已超出我的理解範圍。我心想，如果有什麼能夠避免我們遭到那家超級電商吞噬，那就是這家價值逾二十億美元的公司了。當時，我壓根兒不知道，這世上竟有員工僅十二人的獨角獸公司。

後來我在舊金山安頓好生活後才知道，我和出版業的朋友在廉價酒吧喝酒及抱怨未來的那年，也是許多新朋友、同事、迷戀對象悄悄迅速賺到人生第一桶金的年份。這些朋友中，有些人在二十五歲左右開始創業，或展開為期兩年的自訂長假，我則是坐在老闆辦公室外的一張窄桌前，追蹤文學經紀公司的開支，並試圖以年薪（從前一年冬天的兩萬九千美元，增至三萬美元）作為衡量單位，來判斷自己的價值。我的價值是多少？是我們新辦公沙發的五倍，是定制辦公用品的二十倍。我未來的同儕在找財富顧問幫忙理財、在峇里島冥想靜修以追求自我實現的同時，我正在用吸塵器清除公寓牆上的蟑螂，抽大麻，騎單車去東河沿岸聽倉庫演唱會，以驅散轟隆隆逼近的恐懼感。

然而，在另一個城市、另一個產業、另一個人的生活中，那卻是充滿前景、揮霍、樂觀、加速，以及希望的一年。

二　再見了，夕陽產業！

某日午後，我略感宿醉，在文學經紀公司吃著軟爛的沙拉時，讀到一篇文章。該文提到一家新創企業募到三百萬美元的資金，即將掀起一場出版革命。報導上方放了三名聯合創辦人的合照，照片中的男子站在鄉林美景前，笑容滿面，像兄弟會的成員拍畢業照那樣。三人都穿著鈕釦襯衫，看起來像剛剛一起開懷大笑似的。他們看來自在愜意，令人信服，貌似那種只用電動牙刷、平時看盤追蹤股市、從來不去二手商店購物、也不會把髒汙的餐巾放在桌上的人。在這種男性的周邊時，我總覺得自己跟隱形人沒兩樣。

據報導，這場出版革命將透過手機上的電子閱讀 **app** 來襲，採用訂閱模式，聽起來是不錯的市場缺口。那個 **app** 的賣點——月付小額費用，即可讀取龐大的電子書庫——像是附帶了大量但書的承諾。不過那個概念還是有誘人之處。

電子閱讀 **app** 對出版業來說是新概念。出版業很少出現新點子，即使有，也從來沒有人因此獲得回報。而且出版業彷彿一直搖搖欲墜。那不全然是那家壟斷型超級電商或二十億美元合併案造成的（雖然那兩個因素加劇、也加速了我們的焦慮），而是一種延續已久的衰頹趨勢。想在出版業發展得既成功又持久，唯一的辦法似乎只能靠繼承財產、嫁娶豪門，或是等同輩死的死、逃的逃，撐得久就是贏家。

隨著出版業日益萎縮，我和一群同樣當助理的友人都不禁懷疑，這一行還有沒有我們的立足之地。在紐約，一個人可以靠年薪三萬美元過活；這裡還有數百萬人的年薪比三萬還少，但做的事情更多。然而，每個月實領一千七百美元的薪資，實在很難應付出版業鼓勵的那種社交、歡樂、光鮮亮麗的生活型態：動不動就約出去喝幾杯、辦晚餐派對、身穿三百美元的一片式綁帶洋裝，以及在格林堡（Fort Greene）或布魯克林高地（Brooklyn Heights）這種充滿文青雅痞氣息的社區中，擁有嵌入牆面的訂製書櫃。可以免費獲得新的精裝書是很好，但如果我們自己買得起，那就更好了。

我認識的每個助理都私下另闢財源：接案當外編，去酒吧當調酒師、去餐廳端盤子，或是靠慷慨大方的親戚贊助。我們只跟彼此透露這些金流，鮮少讓其他人知道。我們的上司中午是吃水煮鮭魚配玫瑰紅酒，他們似乎覺得，低薪是走這一行的必經歷程，而不是一種系統性的剝削，因此沒有跟我們同仇敵愾。在這種情況下，談錢實在俗氣，又有失尊嚴。

但是講白了，我們就像免洗餐具，是用完就丟的奴工。家有恆產、靠關係進來實習又不支薪的英語系學生，比文學經紀公司及出版社的職缺還多。新鮮的肝源源不絕。一堆穿著米色沙漠靴的男子，以及穿著鮮黃色開襟羊毛衫的女子，手上拿著精美的履歷表在辦公室外等著面試。某種程度上，出版這一行就是靠著迅速消耗新鮮的肝撐起來的。

儘管如此，我和出版界的朋友還是對這行充滿了執念。我們喜歡與書為伍，死守著這些文化資產。大家普遍對這種苦哈哈的生活感到不滿，卻又準備好長期抗戰。一種選擇性的道德邏輯似乎為這一行挹注了一股活力：沒錯，出版業確實無法迅速創新，但我們這些熱愛文學、捍衛人文表達的文人，肯定不會輸給那些外行的公司，他們的高階管理者根本不懂得欣賞書籍。我們有品味又正派，但也苦得發慌。

我過得很苦，而不是窮，我從來不窮困。我有後盾，是自願過得清貧。就像許多同行一樣，我能靠出版業的低薪過活，是因為我有靠山。大學畢業時，我沒背學貸，但那不是靠我自己達成的：我還是受精卵時，父母與祖父母就開始幫我存學費了。我沒有家累，偷偷累積了一點點卡債，但還不想求助。借錢繳房租或看病，或一時衝動買洋裝來犒賞自己，總讓我覺得自己在許多方面都是魯蛇。我為養不活自己而感到羞愧，我在文學經紀公司上班，就好像我爸媽大方贊助公司一樣，這也令我感到羞愧。我的醫療保險是含在爸媽的眷屬保險中，只剩一年可用，這種情況無法長久，我根本養不起自己。

爸媽一直希望我走醫學或法律方面的專業，做安穩的工作。他們的生活過得很愜意，我媽是作家，在非營利組織上班，我父親從事金融業——但他們都很強調獨立。我哥在經濟衰退以前就畢業了，他在我這個年紀時，已經事業有成。他們都無法理解出版業這種慢慢苦熬的風氣，或外表光鮮、內在窮酸的懷舊魅力。我媽常好聲好氣地問我，為什麼我二十五歲還在當助理，幫人煮咖啡、拿外套。她並沒有要我給個明確的答案。

其實我的抱負很普通，我只是想在世界上找到一席之地，自立自強，貢獻一己之力。我想賺錢，因為我想獲得肯定與自信，受到重視與認真對待。最重要的是，我不想讓任何人擔心我。

雖然我一直懷疑，那家電子書新創企業可能不惜犧牲出版商、作者、版權經紀商的利益，在我關心的議題對面（亦即在超級電商網站的那一面，那個已經勝出的陣營）爭搶一席之地，我還是很羡慕他們那種掌握未來的權利感。那些對產業發展有遠見又有能力付諸實踐的人，總是顯得異乎尋常，散發著魅力。

我不知道三百萬美元的資金挹注其實只是小錢。我不知道多數新創企業會經歷多次募資，三百萬美元只是實驗性的小數字。對我來說，那筆錢就像一種插旗訊號，是永恆的象徵，彷彿拿到一張空白支票，可以大顯身手似的。我心想，出版業的未來就在那裡，我想加入。

•••

二〇一三年初，歷經連串模稜兩可又隨性的面試後，我加入了這家電子書新創企業。我原本預期這家公司會給人某種刻板印象——孤僻、蓬頭垢面、性飢渴、不擅言詞的技客——但從未以技客自居的共同創辦人馬上顛覆了這個刻板印象。執行長行動敏捷、充滿自信、五官深邃。技術長是說話溫和的系統思考者，謙虛又有耐心。另一個創意十足的創辦人則以產品長自居，他特別討喜，以前在美國東岸讀藝術學院，穿著緊身牛仔褲，我感覺早就認識他似的：他就像我大學時代的朋友，只是混得很好。我比他們三個都來得年長。

跟他們三人交談很輕鬆自在，面試的感覺比較像喝咖啡約會，不像我在其他地方那樣，穿套裝一本正經地接受正式拷問。面試過程中，我一度懷疑他們三人可能只是想閒聊打發時間。畢竟，他們最近才剛從西岸搬到東岸。他們並不想住在紐約——他們顯然比較喜歡西岸的活力——但他們需要更接近他們打算顛覆的產業，建立夥伴關係。我一時慈悲心大發，以為他們只是初來乍到，感到孤獨而已。

當然，他們一點也不孤獨。他們專注得很，也頗能自得其樂。他們都把鬍子刮得乾乾淨淨的，皮膚也好，身上的襯衫總是乾淨俐落，鈕扣乖乖地扣到鎖骨上。他們都有交往已久的優質女友，女友都有一頭濃密的秀髮，會陪他們一起健身，常到需要預約的餐廳共進晚餐。他們住在曼哈頓市中心的一房一廳公寓，似乎不需要心理治療。他們有共同的願景與策略計畫，落落大方地談論計畫與雄心壯志，毫不彆扭。創業前，他們在灣區的大型科技公司中，做過令人欣羨的職位與實習工作。他們談起自己的工作時，彷如業界老手，已做大半輩子似的。他們很樂於主動提供商業建議，一點也不像只在某地工作一、兩年的新手，反倒像是已經開創傳奇職涯的老手。他們充滿理想抱負，我實在很想像他們那樣，也希望受到他們青睞。

那個職缺是為我量身打造的，試用期三個月。對我們四人來說，那份工作的範圍與職責都很模糊，包括策劃 app 內的選書、編寫文案、各種祕書工作等等。我應徵上了這個全職約聘職缺，時薪是二十美元，沒有福利。這薪資乍看之下不多，但我算了一下，年薪總計四萬美元，我挺滿意的。

我告訴出版界的朋友我要去那裡上班時，他們都心存懷疑，問了很多我難以回答的問題。訂閱模式難道不會壓縮作者的版稅所得嗎？那樣做，難道不是資本主義無情地挪用公共圖書館系統的概念嗎？那種 app 不是跟寄生蟲沒什麼兩樣嗎？那跟那家超級電商有什麼差別？那個app的成功難道不必犧牲文學界與文藝圈？對於這些擔憂，我都不知道該如何回應。大多時候，我盡量不去想那些問題，只是暗自竊喜，把友人的多數問題直譯成：「你走了，那我們怎麼辦？」

• • •

這家新創企業的辦公室離堅尼街（Canal Street）僅一個街區，執行長稱那一帶為「諾麗塔」（Nolita）[2]，技術長稱之為「小義大利」（Little Italy），產品長稱之為「唐人街」。即使是工作日，那一帶的周邊也擠滿了遊客，一堆成人吃著爆漿的奶油煎餅卷，配著小紙杯裝的濃縮咖啡，孩子則是好奇地緊盯著店面陳列的車輪狀帕瑪森起司。我的辦公室與其說是辦公室，不如說是在另一家比較穩健的新創企業總部裡擺的一張空桌。那家比較穩健的新創企業是以拍賣形式買賣藝術品，總部是loft風格的建築[3]。我不是很了解那種商業模式，因為我一直認為，拍賣的樂趣在於狂熱地炫富，以及展現勝人一籌的伎倆。當時我並不知道，對科技業的人來說，那種炫富方式不僅俗不可耐，也已經過時了。把財富藏在瀏覽器後方，才是最文明的作法。

那個辦公空間鋪著吱吱作響的木材地板，一面牆邊有一條長長的廚房流理台，上面擺了一排容器，以及從當地烘焙商買來的小包咖啡豆。浴室裡有淋浴設施。我上班的第一天，看到桌上擺了一份迎新禮：一疊科技方面的精裝書，上面有創辦人的親筆簽名，也蓋了公司標誌的封蠟章。公司的標誌是一顆牡蠣〔4〕，中間有一顆渾圓的珍珠，整個意象難免令人聯想到女陰。

這家電子書新創企業有數百萬美元的資金。公司裡的職銜顯示，這裡有一支穩健又有組織的工作團隊，但app本身仍處於內部測試階段，僅供少數朋友、家人及投資者使用。目前公司除了三個創辦人以外，只有另一名員工，是行動工程師卡姆，他是創辦人從一家開發照片編輯app的公司挖角過來的。我們五人圍坐在辦公空間後方的紅木桌邊，喝著咖啡，彷彿永遠開著董事會。

這是我的職業生涯中，第一次有「專業知識」可言。他們會詢問我的意見——例如app的閱讀體驗、書庫內容的品質，以及如何迎合線上閱讀社群等等——並聆聽我的回答。雖然我不太懂技術基礎架構，對策略也沒什麼見解，但我覺得確實可以貢獻一己之長。看到一項業務逐漸成形，感受到自己有所貢獻，著實令人振奮。

2　譯註：Nolita是NOrth of LIttle ITAly的縮寫，亦即「小義大利區的北邊」。

3　譯註：loft風格建築是由舊倉庫改造而成、少有內牆隔開的挑高開放式空間。

4　譯註：這家公司的名字就叫Oyster，成立於二〇一三年，二〇一五年被Google收購，併入Google Play Books部門。

• • •

為了慶祝技術長的生日，我們去曼哈頓中城看了一部有關反恐專家的電影。電影是以九一一恐攻時，困在世貿中心的人打電話求救的語音剪輯檔開場。我不想繼續看下去，但更慘的是，我不知道怎麼得體地離開，因為我不想解釋十四歲時我在中學的西班牙語課上，看到窗外的一切實況。當時我們離世貿雙塔僅四個街區。

我曾考慮假裝身體不舒服，例如腸胃炎、生理痛之類的；也考慮過偷偷溜走，不告而別。我氣自己沒事先對那部電影做點功課，也氣自己不能像一般有正常經歷的正常人那樣做正常的事，例如跟同事一起欣賞動作片，而不陷入創傷後壓力症候群（PTSD）。我在戲院裡坐立不安，甚至因此弄丟了一只耳環。電影播畢打出工作人員名單時，技術長跪下去幫我找耳環，也叫其他人一起幫忙找。我看著他們在地板上爬來爬去，覺得很尷尬。看到他們的手掌在黏搭搭的人造地毯上摸索耳環，也令我感動。等了幾秒後，我大聲地說我找到了，他們站起來扣上外套的扣子，背起背包。沒人注意到我把剩下的那只耳環摘了下來，塞進口袋。

踏出戲院後，我們邁入冬末的陽光，走到街角一家日式甜品店。我從來沒去過甜品店，遑論日式甜品店了。五花八門的甜點令那些大男孩雀躍不已，他們提醒彼此，這算在公司的帳上，結果點太多了。我和他們四人坐在一起，看著他們用小湯匙挖彼此的甜點。他們把盤子推向我，叫我每一樣都嘗嘗看，我努力推辭。我試著想像其他顧客怎麼看我們這群人，我覺得自己好像保姆、累贅、監護人、小姊姊、腳鐐、姨太太，有種難以言喻的幸運感。當晚結束時，我獨自走到市區最遠的地鐵站，細細品味箇中滋味。

・・・

我和另一個不是創辦人的員工卡姆成了朋友。午餐休息時間，我們會一起到附近逛逛，帶三明治或塑膠餐盒會漏的越南菜回辦公室享用。我們在會議室裡用餐，他會耐心回答我的問題，例如，前端開發與後端程式設計之間有什麼差異。儘管我們的公司尚未推出產品，但外界已經覺得它很熱門。我們偶爾會談到，身為這種新創企業的第一號與第二號員工，有什麼樣的負擔與責任。「我覺得我們加入公司的時機很好。」他會這樣安慰我，「我認為我們處於非常有利的位置。」他可能不知道我是約聘員工，或樂觀地認為我在試用期結束後會升為正式員工。

卡姆個性溫和低調，很愛女友及她的貓，我很喜歡聽他談論他們。我唯一一次看到他激動起來，是我規劃了一個公司讀書會，但共同創辦人都沒參加。他們說，他們忙著開發app，哪有時間參加讀書會。我了解這點，所以不太介意，但卡姆在公司的聊天室裡念了他們一頓，接著還帶我出去喝湯。他堅稱他們那樣做不對，很失禮。他也認為我很努力塑造企業文化。

其實這樣講只對了一半。剛加入公司的最初幾週，我為公司的網站寫文案，幫公司從頂尖名校招募工程師，也編輯「使用者隱私協議」，使它看起來更平易近人，而不是在跟律師打交道。但之後我一直覺得，創辦人似乎付給我太多薪酬了。我只需要幫公司尋找一個更長久的辦公空間，並幫創辦人訂零食（例如單人份的起司餅乾、小巧克力棒、藍莓優格）。

對我來說，一邊上班、一邊吃零食是全新的概念。在文學經紀公司裡，在午餐時間以外的時刻吃東西是很丟人的事。我自己也覺得，啃貝果或嘎扎嘎扎地咀嚼一袋椒鹽卷餅很邋遢、不專業。在以前的工作中，我在午餐前就忍不住偷吃自己準備好的午餐，完全缺乏自制力。這也是我年紀老大不小了，卻還有嬰兒肥的原因。相較之下，那些大男孩從早到晚都在吃零食。他們在電腦前吃洋芋片，把手上的碎屑擲在紙巾上，咕嚕咕嚕地喝著氣泡礦泉水，喝完後就在鍵盤邊把空瓶壓扁。我仔細地記下他們的喜好，想辦法維持新鮮感，例如這週添購一盒小柑橘，下週添購幾袋起司爆米花。

卡姆對我的看法，讓我覺得自己有責任強化公司的文化。我繼續推動讀書會，但創辦人依然沒參與。我規劃團體出遊，其中一次是去參觀上流階級的私人圖書館，那是某位十九世紀銀行大亨的私人書庫。我們在那棟大樓裡漫步，欣賞從地板到天花板的落地書架、旋轉的樓梯、上了金漆的天花板，拍照並把照片傳上社群媒體。我們一致認為，電子書app也應該給人那種感覺：富麗堂皇但不會令人望而生畏，彷彿藏書無窮無盡似的。

那間私人圖書館頗受好評，但那三個二十歲出頭、身價數百萬美元的小伙子，根本不需要我帶他們去做閱讀考察，他們自己訂零食可能也比我幫他們訂更划算。儘管卡姆好意鼓勵我，但實際上他們也不需要我幫忙塑造企業文化。他們其實不需要我做任何事。這種小公司真要有企業文化的話，那也是以創辦人為核心。他們雖然有時會爭吵，但我從未看過誰怒氣衝衝地從會議室奪門而出。他們在懶骨頭沙發上耍廢、一起打電動、暢飲國產啤酒時，似乎最為開心。他們不需要建立團隊關係或培養感情，大致上我們也不做那些事情。我們是在打造一家公司——或者更確切地說，是他們在打造公司，我只是在一旁觀看。

• • •

我們在紐約西二十幾街附近的主要街區，找到新的辦公空間。有些人基於分類學上的傲慢，把那區稱為「矽巷」（Silicon Alley）。那個辦公空間其實也是另一家新創企業的地盤，但這次的情況不一樣。這家新創企業屬於媒體業，員工人數時增時減，彷彿公司減肥時忽胖忽瘦，出現溜溜球效應。在某次團隊會議上，我們的執行長嚴肅地指出，那家新創媒體已經歷經多次 pivot（亦即轉型，原意是在樞軸上旋轉）。我問他那是什麼意思，他們四人都狐疑地看著我。pivot 是指他們為了創造營收而改變商業模式，那表示他們擔心公司資金還能燒多久，他們是讓人引以為戒的警世故事，目前只剩兩名合夥人縮在邊角，其他人在資金耗盡後都遭到解雇了。

那些員工雖然遭到資遣，但是他們的陰影似乎仍然殘留在那裡，揮之不去，提醒著我們要更加努力。我們每天的大部分時間都埋首在辦公桌前，在那個沒什麼辦公家具的辦公室裡，拚命使用即時通訊軟體跟彼此交流。我們一起吃午飯，討論策略，然後又回到電腦前，盡量避免目光接觸。我們開了很長的會議談合夥關係及設計議題，會中討論熱烈。如果會議一直開到晚上，我們會叫披薩。感覺這裡的一切都很緊迫，事關重大。

某天下午，執行長把我們全叫進會議室，展示他打算拿去向出版商宣傳的簡報。簡報一開場就說，這是共享經濟的時代。他指出，千禧世代不喜歡所有權，只喜歡體驗，口吻彷彿他自己不是千禧世代似的。這不單只是一種新的市場策略，更是一種文化意識形態。在共享與訂閱經濟領域開創數位平台，可以讓大家串流電影、音樂、電玩，租借雞尾酒會的晚禮服與三件式西裝，預訂陌生人家中的房間，搭陌生人的汽車。音樂、電影、電視、零售、交通都已經被顛覆了，現在輪到閱讀了。執行長切換到下一張投影片，上面列出許多成功訂閱平台的標誌，我們的標誌擺在正中間。

執行長說，科技產品是生活型態的產品。他繼續做簡報時，我開始明白，電子閱讀app的效用與其說是為了閱讀，不如說是為了顯示你是**會**閱讀的人——會使用app來閱讀，而且那個app還提供最先進的閱讀體驗，以及創新直覺的設計。我因此推想，我們的理想用戶應該是那些認為自己愛看書、但其實根本不看書的人。畢竟，取得圖書授權要花錢，用戶每個月只要讀超過幾本書，我們為他支付的授權費就超過了向他收取的訂閱費。我知道，書籍是一個機會，但不是目的所在。那只是一種內容，而且只是第一步，擴張**才是**真正的目的。可能吧，我相信他們會想辦法擴張的。

執行長並沒有承認，千禧世代之所以對體驗感興趣——例如租用他們永遠買不起的東西——其實跟學貸、或經濟衰退、或數位配銷時代中，文化產品的市場價值暴跌有關。在他的未來展望中，看不到危機，只有機會。

我想確定我自己是否相信他的說法。執行長很有魅力，對公司及其願景都很投入。或許他與另兩位創辦人也很聰明，他們的矽谷金主肯定也這麼想。但他們似乎對我最關心的部分——書籍——最不感興趣。在執行長的簡報中，他把Hemingway（海明威）拼錯了，寫了兩個m。

更重要的是，那種模式——從書籍開始，然後延伸發展——似乎與那家超級電商的模式太近似了。我開始納悶他們為何雇用我，我一直以為，他們雇用我是因為我對書籍有一些了解：我可以成為銜接新舊世代的橋梁。我想像自己是個譯者，是不可或缺的要角。後來，當我發現整個產業都很有興趣提升女性在科技界的地位時（即使不是為了女性的晉升，至少也可以拿來作為公司的行銷宣傳），我又想，也許他們雇用我不是因為我對公司的事業很重要，而是為了公司門面，為了展現出他們重視女性。

• • •

當時我也不太明白，為什麼三個創辦人都希望我自動自發塑造工作內容，不必他們明確指示。如果你事業心很強、冒險進取，就會去創造你想要的工作，使它看起來不可或缺，即使它在體制中根本沒有必要——這就是科技業的生存策略。我不是先天深諳此道，當時我的想像力仍然依循出版業的模式發展：我建議那家電子書新創企業開闢一個閱讀系列，以便向文藝界拓展。我覺得，也許我們應該開一個書籍部落格。結果，公司沒有那樣做，而是派了現煮咖啡車到業界大會上，去分送免費的義式濃縮咖啡與糕點。在以前的秀展或這類大會上，發送給與會者的宣傳贈品，是棉質大提袋或文學處女作的試讀本。我的思維還是太小家子氣了，無法大開大合地規劃策略。

「她對學習太感興趣了，而不是實作。」有一次執行長在公司的聊天室裡打出這句話。那是不小心洩露的，他原本只想對另兩名創辦人說。當時我們擠在會議室裡，他誠摯地向我道歉，但那句話一直在我的腦中縈繞，揮之不去。我一直對學習很感興趣，而且總是因此獲得回報，學習是我最擅長的事。我不習慣創辦人給我那麼多專業授權與自由，我不像他們那樣自信，也不像他們那樣覺得自己有權去做什麼。我不知道新創企業的信條就是去實驗及「擁有」東西。我從來沒聽過那句科技業朗朗上口的口號：**先斬後奏，別怕做錯**。

為了自學，我讀了一些談創業心態的部落格文章，並盡力模仿。一年前，執行長發表了一篇那樣的文章，標題是〈加入新創企業的第一個月，如何發揮影響力〉（How to Make an Impact During The First Month of Your Startup Job）。我很氣自己沒有事先從那篇文章中看出端倪。他在該文中建議，主動積極，保持樂觀，寫下你的意見。

最後我所做的，是無緣無故寫了幾封冗長又尷尬的電郵給創辦人，以表達我多麼熱愛閱讀。一家開發電子閱讀app的公司需要熱愛閱讀的員工，這點我是肯定的。也許我還不知道怎麼成為優秀的新創企業員工，但他們肯定會因為有我這個「一人焦點團體」加入團隊而受惠。我們通了幾封掏心掏肺的冗長電郵，又在會議室中進行一次痛苦的一對一交流後，我明白我不可能再待下去了。他們說，以公司目前的發展階段而言，還用不上我這樣的人。還要再等一段時間，公司內才有我能大展拳腳、為公司增添價值的地方。

三個創辦人都想幫我找新工作，他們以為我想繼續留在科技業，我也無意糾正他們。畢竟，我不想回出版業。我試圖獨自闖出一番事業，但失敗了。此外，我也背叛了出版業，加入一家試圖撼動出版界的新創企業。我不希望回鍋出版業時，發現大家並不歡迎我。

而且科技業的緊湊步調、開放心態、樂觀進取，已經把我寵壞了。在出版業，我認識的人從來不慶祝升遷，我這個年紀的人對未來會發生什麼事，都不感興趣。反觀科技業，則孕育著當時很少產業或機構所能提供的東西——未來。

三位創辦人的專業人脈——亦即那些創投金主投資的其他新創企業——大多集中在灣區。產品長談及加州時，真心地表示：「我認為舊金山是最適合年輕人的地方。」他告訴我：「你真的應該把握所剩不多的時間，趕快去那裡。」我想告訴他，我覺得自己還很年輕，我才二十五歲，但我沒說，只說我會去試試。

三　面試新職

我那些舊金山的朋友都已經離開當地了。我們大學那一屆，一畢業就遇上經濟衰退。多數人認命地前往紐約或波士頓，去競爭無薪的實習機會或蕭條經濟中的殘餘價值，但那些搬到西岸的人不想對絕望低頭。他們選擇先沉潛一陣子，創作藝術。他們住在灑滿陽光的公寓裡，在服務業中兼幾份差事餬口，過著複雜又耗神的社交生活。他們自由地嘗試迷幻藥，與多人同時交往，抽大麻，睡懶覺，白天喝得爛醉，參加愉虐（BDSM）派對，事後大啃墨西哥卷餅。他們組樂團，偶爾投入性產業。他們在山上、樹林或海灘度過週末，露營、健行，或參加我們在紐約常取笑的身心靈活動。

這種烏托邦的存續時間很短。朋友說，後期資本主義（late-capitalist）的冷酷無情取代了那種烏托邦。租金狂飆，藝廊與演奏音樂的場子紛紛關門大吉。酒吧裡滿是二十幾歲的年輕人，穿著印有公司商標的T恤，他們從不喝完啤酒，一看到有人在人行道上靠近入口的地方抽菸，就開始抱怨。他們穿著緩震跑鞋上夜店。說到單位「千」時，他們不講幾千，只講幾K。

交友網站上充斥著許多魯蛇，認真地把商業管理指南列為他們最愛的讀物。約出來吃晚餐時，他們還會背著印有雇主名稱的背包赴約。年輕的執行長出現在性愛派對上，只想跟其他年輕的執行長玩在一起。我朋友全身上下都是亮晶晶的裝飾，穿著子彈內褲，沉浸在迷幻藥的快感中，走在一年一度的同性戀遊行裡，旁邊的彩虹色花車是由異性戀的數位行銷經理設計的，不僅符合品牌精神，還適合闔家觀賞。

面對那些大學畢業不久就戶頭飽滿的科技新貴，這個城市開始迎合他們的慾望。連兼差當瑜伽教練或超市收銀員的藝術家與作家，也住不起奧克蘭（Oakland）了。我朋友說，除非你到科技公司上班，否則在這裡找不到別的工作了。不用說，他們當然都沒去科技公司上班。幾年內，他們紛紛離開舊金山，轉往紐奧良或洛杉磯的士紳化社區，或想辦法進入研究所深造。他們逃離及橫越美國的大遷徙，也是為那個大家熱愛的城市送終。他們向我保證，他們一度熱愛的那個城市已不復存在。

那年春天，我去舊金山一家做資料分析的新創企業面試客服職位時，並沒有跟那些待過灣區的朋友談起。我擔心，萬一他們知道我去應徵科技業的工作，知道我有一丁點興趣加入那些導致他們流離失所、破壞他們樂趣的人，他們不知會有什麼反應。我從機場搭電車進市區時，覺得自己好像背信忘義，與友人漸行漸遠。

我使用那個方便千禧世代租用陌生人臥室的平台，在教會區（Mission）一對五十幾歲的夫婦的公寓裡訂了個房間。這是我第一次使用那個app。我站在那間華麗的維多利亞式公寓門前的台階時，覺得自己好像十九世紀文學中的孤兒，即將展開一場冒險。「歡迎回家！」那個居家共享平台熱情地打出這個標語，以鮮豔大膽的色彩，散發出居家的溫暖氛圍。但是儘管那個網站強調社群、舒適，以及透過新關係與新奇體驗來豐富生活，我房東前來應門時卻一臉冷淡——這提醒了我，這畢竟是一筆交易。

房東先生帶我熟悉環境——客用毛巾放在實木收納箱裡，後院有檸檬樹。他問我來舊金山做什麼，我惴惴不安地說，我要去一家新創企業面試。我知道長久以來這一帶一直有藝術家、活動份子、其他沒錢擁有房產的團體聚集。我回答時，講得小心翼翼，以免引發沒必要的敵意。他會意地點點頭，沒多做評論，聳肩說：「我們是全職房東。我想，你也可以說，我們是為一家新創企業工作。」

我可以這樣說嗎？他和妻子都辭去非營利事業的正職，為遊客和我這種不速之客提供真實的城市體驗——差異大得夠讓人感到有趣；但也平易近人得令人感到舒適自在。他們睡在地下室，沒有員工；他們是整個產品的一部分。

這是我第一次付費跟陌生人同住。公寓很乾淨，給人賓至如歸的感覺。屋內擺了很多家具，還有好幾盆水果，但我不知道窩在沙發上看書或借用廚具來切桃子，算不算違反居家共享平台的服務條款——畢竟，我只訂了一個房間，不是包棟。服務條款廣泛地保障了那家公司的責任範圍，但沒有詳細規範房客的行為。安全起見，我在臥室與浴室之間小心翼翼地行走，好像那個走廊是一條凹槽似的——彷彿我擅自闖入一個家庭以及不屬於我的生活。

• • •

這次面試是電子書新創企業的執行長幫我安排的，他說現在大數據很熱門。那家資料分析新創企業是由幾名大學輟學生創立的，雖然成立僅僅四年，但是據他說，它已經以驚人的速度與強度橫掃市場。該公司獲得一千兩百萬美元的創投資金，有數千名顧客及十七名員工。「投資我們的金主說，他們是下一個獨角獸。」電子書新創企業的執行長熱切地說，身體往椅背一靠，「那是一艘太空船。」想要激起我的興趣其實很容易。

我對客服工作不怎麼感興趣，但那是不需要有程式設計背景的基層工作。我以前讀社會系，只有出版業的工作經驗，以及之前那三個月的零食採買經驗，我覺得我沒有資格太挑。電子書新創企業的三名創辦人堅稱，那個客服工作只是暫時的。他們都認為，只要我肯下功夫，很快就會換到比較有趣、自主的好職位。我不知道，在科技界，只要有開朗過人的決心，資歷其實無關緊要（至少傳統的資歷不重要，例如高等教育學歷或經驗）。然而，我舉手投足依然像個來自傳統世界的年輕專業人士，而那個傳統世界只講究資歷。

為了讓自己對那份工作更感興趣，我想出一套說法來說服自己（雖然很牽強）：儘管我接受的是文科教育，但資料分析算是文科教育的自然延伸。那家電子書新創企業使用分析軟體，透過app來追蹤內部測試者的動態，我一直很喜歡觀察那些資料。例如，投資我們的金主正在讀什麼書、哪些書讀了一半就擱下；大家會不會讀那些由產品長設計封面的公版書（它們是為了壯大書庫而增列的）。就某個角度來說，我試圖說服自己，商業資料分析可以視為應用社會學的一種形式。

面試的前一晚，我在承租的臥室裡，閱讀那家資料分析公司的廣告文宣，以及兩名創辦人接受採訪的內容；他倆分別是二十四與二十五歲。科技部落格報導，他們創業時都還只是學生，尚未成年，兩人之中僅一人去矽谷實習過，沒有別的工作經驗，只有一個聰明、務實、可輕易轉型的夢想——靠大數據驅動世界。那個夢想吸引了山景城（Mountain View）一家著名新創加速器（或稱育成中心）的招生委員會。該中心為創業者提供資金與人脈，以換取七%的股份。加速器鼓勵創業者去做大家「想要」的東西，而不是「需要」的東西；標榜他們輔導了許多人成功創業（諸如生活雜貨配送app、直播網站、居家共享平台），也支持過數十個失敗案例。這家資料分析公司的技術創辦人之一擔任執行長，他從美國西南部的大學輟學後，加入加速器，接著全職投入這個生態系統。

幾個月前，一個科技部落格發表一篇文章，宣布這家資料分析公司的第一輪融資達到一千萬美元。執行長被問及如何運用這筆新資金時，他明確說出了首要之務：他會付給前一百名員工遠高於市場水準的薪酬，寵幸現有的員工以留住他們。這是用來吸引顧客的話術，但我當時不懂。我也沒想過把員工加以分層的問題，沒想過第一百零一個員工會怎麼想。我不曾在員工超過百人的公司上班，以前上班的地方連二十人都不到。我也沒待過想寵幸員工且有財力那樣做的公司。我心想，那還真大方。我開始給自己洗腦了。

• • •

我來到這家資料分析公司的總部時發現，整個事業居然僅一丁點大。然而它的辦公室很大——至少有七千平方英呎（約兩百坪），地板是拋光的水泥地，幾乎沒什麼辦公家具。約十五名員工聚在辦公室的另一端，全目不轉睛地盯著螢幕。有些人站在桌面架高的桌子前，雙腳岔開站著，腳底鋪著小小的橡膠墊。每個人的工作空間都堆著五花八門的雜物：一盆又一盆的多肉植物與其他瀕死的植物、動漫人偶與一堆又一堆的書籍、數瓶好酒。有人以同一牌的能量飲料空罐堆成方尖碑。這種無隔間的開放式設計，讓整間辦公室看起來像一間教室。裡面的人看起來都不滿三十歲。

我站在門口，數著裡面有幾個女人。三個。她們穿著牛仔褲與球鞋，T恤外面套著寬鬆的開襟毛衣。那天我打扮得很小心，穿著藍色背心裙，踩著有跟的靴子，搭配薄外套。我總是穿這樣去面試，覺得這打扮既專業又不失莊重。在出版業，這種組合體面但不招搖，不會給人威脅感。在新創企業裡，我覺得自己好像專捉毒犯的便衣警察，所以我小心翼翼地脫掉外套，把它塞進手提袋裡。

第一場面試的面試官是客服團隊的經理。他看起來很開朗，留著濃密的鬍鬚，穿著褪色牛仔褲和公司的T恤。T恤上面印著「I AM DATA DRIVEN」（我是資料導向者），我忍住衝動，沒問他DATA和DRIVEN之間是否少了連字號。他坐在一張符合人體工學的辦公椅上，背部向後靠，像嬰兒一樣輕輕地上下晃動。透過會議室的玻璃門（門上貼著手寫標示，顯示那裡是「五角廳」），我看到一個穿著格子襯衫的高瘦男子，踩著RipStik蛇板搖擺而過。他一邊揮著一隻手以保持平衡，一邊激動地對著一個金色的無線話筒呼喊著。

客服經理把手肘放在桌上，傾身靠向我說，接下來他會問一系列問題，讓我展現解題能力。「那麼，」他說，一副要我告訴他祕密似的，「你怎麼計算美國郵政總局有多少員工？」我們沉默地坐了一會兒。我心想，我幹嘛計算，我會直接上網查。我不禁懷疑，這可能是在測試我對胡扯及無效率的容忍度——也許突發奇想的回應才是正確答案。我不知道客服經理究竟想要什麼。接著，他遞給我一支馬克筆，指著白板說：「你用白板解釋一下，你是怎麼算出來的？」那不是建議，而是要求。

在接下來的四個小時中，客服經理與之前踩著蛇板滑過的高瘦男子（他是銷售工程師）問了我連串的問題與謎題。銷售工程師的年紀跟我差不多，講起話來慢條斯理，但活力充沛，充滿感染力，言談之間不時穿插著俗諺。我稱讚他那個特大型的皮帶扣很好看，他說：「過獎、過獎！」他教我如何倒轉白板上的一根繩子時說：「開始倒吃甘蔗了。」

銷售工程師和客服經理都把那個資料分析軟體稱為「工具」。他倆問的問題都讓人既尷尬又抓狂，例如：「你做過最難的事情是什麼？」客服經理一邊問，一邊不停地轉動結婚戒指，「你怎麼跟你的祖母解釋這個工具？」

「你怎麼跟中世紀的農夫描述網路？」銷售工程師一邊問，一邊玩弄襯衫上的押扣，時扣時開；同時若有所思地把另一隻手伸到腰帶的後方。

由於之前去電子書新創企業面試時很輕鬆自在，我預期來這家資料分析公司面試也是如此。沒人事先提醒我，舊金山與矽谷的面試跟整人遊戲沒兩樣，比較像是欺負菜鳥的儀式，而不是完善的考核活動。山景城一家搜尋引擎巨擘，曾以面試時愛考腦筋急轉彎聞名，雖然它已經廢止這種作法，覺得那種問法根本看不出應徵者未來的工作表現，但很多公司依然把這種面試方法奉為傳統：「從另一家公司的錯誤中學習」這話在這裡發展出新含意，尤其當那些錯誤證明有利可圖的時候。在整個舊金山灣區，面試官常問應徵者類似這樣的問題：「美國每年吃掉多少平方英尺的披薩？」、「一架飛機能裝幾顆乒乓球？」有些公司為了判斷應徵者是否適合公司文化，還會問一些中學生愛問的庸俗問題，例如：「如果你是超級英雄，你想擁有什麼超能力？」人力資源部的專員一本正經地問道：「你走進一個房間時，腦中響起什麼主題曲？」那天下午，我的主題曲是輓歌。

幾個小時後，技術共同創辦人走進會議室。他看起來很沉著，沒有準備。他語帶歉意地說，他做過的面試不多，沒什麼想問的問題，但行政主管還是幫他安排了一小時的談話時間。

我心想，這沒什麼問題，我們可以聊聊公司，我可以追問一些例行的求職問題，最後他們會放我走，像放走小學生一樣。接著，這個城市會接收我和我的羞辱感。沒想到，創辦人對我說，他的女友正在申請法學院，他正在幫她申請。他說他不打算做傳統的面試，打算讓我考LSAT測驗的一個單元。我不禁仔細端詳他的娃娃臉，想確定他是不是在開玩笑。

他說：「你不介意的話，我就在這裡坐一會兒，查看電子郵件。」他把桌上的試卷推向我，打開筆電，在手機上設定了計時器。

我向來擅長考試，所以提早寫完了，還檢查了兩遍。我開玩笑說，那是我這輩子離申請法學院最近的一次——我媽應該會為我感到驕傲。那名創辦人對我微微一笑，把考卷塞到筆電底下，然後離開了房間。

他走後，我繼續坐在那裡，不知道自己在等什麼。我很肯定我拿不到這份工作，我不僅清楚證明了我不適合這裡，也確定自己在他們眼中，根本是傻氣文科生的最佳寫照——跟科技業代表的一切恰恰相反。

儘管那些面試都很空洞，卻激起了我的鬥志。我的性格缺陷就是，愈是不利於我的狀況，我反應得愈好。

• • •

後來我一直納悶，這家資料分析公司之所以錄取我，是不是因為我在整個面試過程中，展現出客服人員及員工該有的服從模樣，是不是因為他們知道我是個逆來順受、忠誠、容易掌控的人。最終，我得知他們錄取我，只是因為我考的LSAT那個單元拿了滿分。知道這個錄取原因讓我覺得既驕傲，又哭笑不得。我為自己聰明過人感到自豪，但又覺得靠這點錄取實在愚蠢至極。我本來希望他們看出我有某種潛藏的獨特之處，某種潛力。我總是想太多了。

公司提供的福利包括醫療保險與牙科保險、四千美元的搬家津貼，以及每年六萬五千美元的起薪。經理告訴我，這薪資已經高於市場的給薪水準，不能再商量了。我根本搞不懂自己憑什麼領那麼多錢，更別說要求調高了。以我的技能來說（或者說，是缺乏技能），我不敢相信竟有人願意付我那麼多錢做事，不管它是什麼事。

客服經理沒有提到股份，我也沒問。當時我不知道，大家趁新創企業草創初期加入公司，原因之一就是衝著股份——那是創投業者與創辦人以外的人一夕致富的唯一途徑。我甚至不知道，股份是一種認股選擇權。後來，公司的招募人員建議我跟老闆協商股份，哪怕只分到一丁點認股權，也聊勝於無。他的理由很簡單：其他人都有啊！沒有人告訴我那股份值多少錢，或公司的股本多大，我也不知道該怎麼問。

我被錄取時，光想到有人看重我的專業，就心花怒放。但我告訴客服經理，讓我考慮一下。

• • •

資料分析公司給了我三週去考慮。我回到布魯克林後，一邊收拾公寓，一邊邀朋友過來。某晚，酒過三巡後，好友問我，是否確定自己做了正確的決定。她一邊懶洋洋地掐破氣泡膜包裝，一邊提醒我，我一直很喜歡出版業的工作，那麼快就放棄是不是太早了？她承諾，如果我最後臨時決定不走，她也不會覺得我這個人有什麼不對。「行動資料分析，」她一邊說，一邊試穿某日我懷疑起自己時所買的一雙撞色滾邊高跟鞋，「那是什麼？你真的在乎那玩意兒嗎？還有做客服——難道你不擔心心靈受創嗎？」

我擔心很多事情，包括孤獨、失敗、地震。但我不太擔心心靈受創，我的性格向來有兩面。一面是明智而有條理，擅長數學，欣賞秩序、成就、權威、規則。另一面則是竭盡所能地破壞前者。我表現出來的樣子，彷彿第一面占了上風，其實不然，我真希望我只呈現出第一面。我覺得，務實是防止失敗的保險措施。想在這個世界上走跳，那似乎是比較容易的方式。

儘管如此，我還是很難向社交圈承認，我從美東大老遠搬到美西，只是為了去一家新創企業上班。可以去看矽谷究竟在紅什麼，令我興奮，但講出這種興奮之情實在很尷尬。對那些反文化及做創意的朋友來說，對商業感到好奇似乎很市儈，俗不可耐。我根本是在出賣靈魂。事實上，我並沒有注意到，那些了解我們當前文化的人認為，出賣自己（去企業上班、合夥、贊助）才是我們這個世代的首要抱負，也是賺錢的最好方法。

不過在當時，公開展現自己熱愛科技或網路，是很俗氣的事。我的朋友大多很晚才採用新興科技，或是萬不得已才採用。他們在那人人討厭的社群媒體上都有帳號，但只用它來回覆是否出席他們根本沒興趣參加的詩歌朗誦會或DIY活動。有些人仍死守著無法上網的翻蓋手機，他們出門需要方向指引時，比較喜歡打電話向我們這些上班族求援。沒有人擁有電子閱讀器。隨著數位風潮到來，我的社交圈依然堅守著有形的實體世界。

為了自保，有人問起我為何搬遷時，我一律回應：我想搬到美西去嘗試新事物。我甚至從來沒在紐約大都會以外的地區住過。我對任何願意聆聽的人，說了一些毫無說服力的理由，例如舊金山是很棒的音樂聖地，那裡有醫用大麻，我可以把這份工作視為實驗：把職業生活與個人興趣分開。我聲稱，去新創企業上班只是一份正職，我可以用它來支持自己其他方面的創作。我一直想寫短篇小說集，這麼一來也許我就能動筆了；也許我可以開始學陶藝，而且我終於可以學彈貝斯了。

總之，編造浪漫的故事，要比承認我有抱負、希望人生快速前進，來得容易多了。

四　第二十號員工

我回到舊金山時，剪了新髮型，帶了兩個破舊的行李袋，覺得自己勇敢無畏，充滿了拓荒探索的精神。我不知道成千上萬人早就為了實現新的美國夢而西進，而且他們已經那樣做好幾年了。就很多方面來說，我都算來晚了。

那時企業爭搶青年才俊。科技公司從世界各地招募剛畢業的資工系學生，把他們安置在家具齊全的公寓裡，為他們支付有線電視、網路、手機帳單，提供數十萬美元的簽約獎金以示感謝。隨著那些程式設計師湧入，連帶吸引了一大批非技術的牟利者跟進：前博士生、中學教師、公共辯護律師、室內樂歌手、金融分析師、裝配線員工，還有我。

我用居家分享平台訂了另一個房間，這次是訂在蘇馬區（SoMA，South of Market），離辦公室幾個街區。這個房間是在雙層公寓的一樓，緊鄰鋪著水泥的庭院，可從任一小巷進入，只要經過垃圾回收箱就到了。房內輕質的DIY組裝家具，跟我朋友在布魯克林的臥室一樣。房東是可再生能源領域的創業者，她說她從來不在家。

我已經把幾箱書籍、寢具、衣物寄到那家資料分析公司、放進儲物櫃了。為了幫公司省錢，我一直不敢大肆花用公司給的搬家津貼。一方面，我擔心萬一花太多，公司可能反悔而取消錄取，我不希望新老闆覺得我花錢似流水。其他人把津貼拿去買新家具、吃飯、付房租，但我不知道可以那樣做。我依然過得像個出版人，儉樸至上。

那個居家共享平台實現了大家夢寐以求的幻想。世界各地都有人擠著陌生人留下的最後一點牙膏，在浴室裡拿起陌生人的肥皂，在陌生人的枕套上擦鼻子。我跟往常一樣，只睡在陌生人的床上，摸索著怎麼為陌生人廁所內的衛生紙架更換衛生紙，透過陌生人的Wi-Fi上網買毛衣。我喜歡觀察別人選購哪些商品，檢視他們囤積什麼雜物。當時我壓根兒沒想到，這個居家共享平台可能推高了當地的租金，使居民流離失所，或破壞了它聲稱的「真實性」。更重要的是，這套系統竟然可以運作，沒人謀殺我，簡直是奇蹟。

開始上班以前，我給自己幾天的時間調適。早上，我在自助洗衣店投幣買了咖啡，連上一個評價app搜尋美食，接著回到臥室，整天窩在裡頭閱讀分析軟體的技術文件，自己嚇自己。我根本看不懂那些文件，不知道API（應用程式介面）是什麼，也不知道怎麼使用。我不知道要怎麼為工程師提供技術支援——我連假裝會，都裝不出來。

到職的前一晚，我恐慌到無法入睡，乾脆上app查看之前的房客怎麼評價我這個房間。我赫然發現，房東就是那個居家共享平台的創辦人之一。我查了一下他的名字，讀了一篇訪談。他在訪談中詳細提到，設計師如何跟隨他的腳步，走上創業這條路。他稱他們是「設計創業者」（designpreneur）。我看了一支他在科技大會上做專題演講的影片，他在言談中難掩興奮之情。我得知，他和另外兩名創辦人募集了上億美元的資金，而且投資者迫切想要挹注他們更多資金。

我環顧四週，看著空白的牆壁、在鉸鏈上傾斜著的衣櫃門、窗口的鐵欄杆，急切想找到他飛黃騰達的蛛絲馬跡。但那個設計創業者已經多年沒睡在這個房間裡了，他搬去辦公室附近一間由倉庫改建的高級住宅，那裡裝潢華麗，充滿藝術氣息。他什麼也沒留下來。

• • •

這家資料分析公司推出「淘金潮中的鐵鎬〔5〕」這款產品，那是創投業者喜歡投資的東西。歷史把淘金潮視為一個警世故事，但是在矽谷，只要他們押對寶，他們就會自豪地使用「淘金潮」這個比喻。鐵鎬通常是企業賣給企業的產品，是基礎設施，而不是服務。就像紐約的新創企業亟欲以紐約市現有的文化遺產為基礎來發展，為當地的媒體業和金融業開發服務一樣，或者更常見的是，開發俐落的介面，以便賣一些在別處需要花更多時間、金錢、精力或品味才能買到的東西。灣區的狀況也是如此，軟體工程師想為其他軟體工程師打造工具，藉此顛覆老字號科技公司。

那是大數據興起的年代，與日遽增的電算力為我們帶來了複雜的資料集，而且很時髦地存在雲端。大數據遍布許多產業，包括科學、醫藥、農業、教育、警務、監控等等。從大數據中挖掘適切的資訊，就像挖到寶一樣，可以刺激新產品的開發或洞悉用戶的心理，或幫業者精準地投放廣告。

不是每個人都知道他們需要從大數據中得到什麼，但每個人都知道自己需要大數據。光是大數據的發展前景，就激起產品經理、廣告主管與股市投機者的欲望。資料的收集與保留是不受管制的。投資者對於預測性的資料分析、樣式比對（pattern matching）的獲利潛力，以及把機器學習演算法帶給大眾（或至少帶給財星五百大公司）的前景，垂涎三尺。對大眾開誠布公不是理想狀態——最好別讓大眾得知資料公司握有哪些個資。

與其說這家資料分析公司是在顛覆所有事物，不如說它只是在把現有的大數據企

5 譯註：淘金潮中的鐵鎬（pickax-during-the-Gold-Rush）是新創企業界的術語。在淘金潮中，你可以靠淘金致富，也可以靠著賣淘金工具給淘金者而致富。把這說法套用在新創企業上，意指創業者可以把握趨勢，生產消費性產品（淘金），或是開發工具讓其他人去生產產品（賣鐵鎬）。

業趕下霸主的寶座。那些現有的大數據企業運作緩慢，產品沒什麼技術性，使用介面明顯是九〇年代的老套模式。這家新創企業不僅讓企業針對用戶行為，收集客製化的資料，也提供一些方法，讓企業在彩色動態儀表板上分析那些資料，而且企業不必自己寫程式或支付儲存費用。兩名創辦人以美學為首要考量，立即雇用了兩名平面設計師——他們都有獨特的招牌髮型，在設計類的社群網站上擁有大量粉絲，那些粉絲都以創意人士自居，對字體大小及英雄形象等事物感到興奮。一般來說，設計師整天在做什麼，很難講個明白。但他們設計的儀表板方便好用又雅致。那個軟體看起來特別清爽、可靠、完善。好的介面設計就像魔術或宗教，讓人看了全盤接受，不會起疑。

對於這家公司想要顛覆大數據界的現有公司，我沒有任何疑慮，對那些老字號事業也毫不念舊或偏好。我喜歡屈居下風的企業，也喜歡「為兩個年紀比我小的小伙子工作」這概念。他們從大學輟學，正在改寫成功的劇本。就這個意義上來說，看著兩個二十幾歲的新人對抗步入中年的產業巨擘，實在很刺激；他們看起來勝券在握。

• • •

我是第二十號員工，也是公司的第四名女性。在我加入以前，客服團隊（包括經理在內的四名男性）是親自處理顧客的問題，並在每天下班後，輪流加班處理累積的支援問題，以免每個人連續幾天都加班到深夜。這種策略奏效了一陣子，但隨著用戶數不斷膨脹，這作法逐漸行不通了，畢竟他們都有自己的工作要做。於是他們重新整理了桌面，騰出空間給我。

客服團隊的人與電子書公司的人不一樣。他們更古怪，更瘋狂，更有趣，更難跟上。他們穿澳洲工作靴，以及法蘭絨、耐久可回收的聚酯運動背心，下午喝能量飲料提神，早上吃維他命D以促進專注與頭腦清醒。他們嚼著瑞典菸草粉，把嚼出來的汁液含在牙齦後方。上班時，他們戴著超大耳機，耳機裡傳出深浩室（Deep house）的曲風及電子舞曲。在團隊聚會中，他們喝純威士忌。翌日早上，他們通常會調製一種充滿電解質的黏稠液體，以消除宿醉（那東西是小兒腹瀉專用的）。他們以前都是讀頂尖的私立大學，精通媒體研究與文學理論的專業術語。他們讓我想起那些離開舊金山的朋友，但他們比我的朋友適應力更強，更善於把握機會，也更快樂。

客服經理指派一名同事帶我熟悉環境。他叫諾亞（Noah），二十六歲，頂著一頭卷髮，前臂有梵文刺青，衣櫃裡都是工裝外套與柔軟的刷毛衣。諾亞熱情健談，活潑帥氣，給人的感覺是那種會邀請女人到家裡喝到茫，看藝術書籍，聽布萊恩·伊諾（Brian Eno）〔6〕歌曲的人，而且可以一整晚只做那些事。我上大學時，身邊就有這種男子，他們可以自在地席地而坐，背靠著床；他們以女權主義者自居，不會主動對你動手。我可以立即想像他做以下事情的模樣：炒麵筋、提議一起在雨中漫步、在緊急狀況下出現並自認知道該怎麼做。諾亞講話時不會模擬兩可，他是採用精神分析的語言，為每個人、每件事都提出明確的敘述。我隱隱感覺不安，覺得他可以說服我做任何事情，諸如騎單車橫越美國或加入邪教之類的。

我剛加入公司的那幾週，我和諾亞在辦公室的不同角落熟悉環境。我們把裝滿什錦堅果的容器與一個底下裝輪子的白板移來移去。他在白板上耐心地畫出cookie的追蹤功能如何運作、資料如何發送到伺服器端，以及如何發送HTTP請求、如何避免競態條件（race condition）。他很有耐心，也不吝惜鼓勵我。當我們處理一系列假設性的顧客問題（軟體——或者更確切地說是用戶——可能崩潰的情境），他都會正眼看著我。

儘管公司強調產品的實用性，但那個產品其實技術性很高。我需要吸收極多資訊，才能為顧客提供些許幫助。學習曲線看起來難如登天，諾亞會出作業給我要我回去練習，並為我打氣。他告訴我，不要擔心。下午，部門同事遞給我啤酒，跟我說我一定能跟上進度的。我完全相信他們了。

我很開心，我正在學習。這是我出社會以來，第一次不用為任何人煮咖啡，而是在解決問題。我的工作包括檢視陌生人的代碼庫，指出他們在整合我們的產品與他們的產品時哪裡出錯了，以及該如何修復。我第一次看到一段程式碼並知道問題出在哪時，覺得自己簡直是天才。

• • •

不久，我就了解大家為何迷戀大數據了。資料集令人著迷，那些有關人類行為的數位資料能回答許多問題，有些問題我甚至想都沒想過。每分每秒都有大量數據湧現，我們的伺服器和公司的銀行帳戶，吸收了這股勢不可擋的浪潮。

我們的主要收入來源是「參與」（或譯投入、互動，engagement）：以行動顯示用戶與產品的互動模式。這與業界長久以來盛行的標準作法不同，業界的標準作法是優先考慮瀏覽量（page view）、網站停留時間（time on site）等指標，但我們的執行長說那些全是垃圾。他指出，「參與」之所以與那些垃圾不同，是因為它可以執行。「參與」能在用戶與公司之間形成傳達意見的迴圈。用戶行為可以左右產品經理的決策，那些見解應該回饋到app或網站中，以影響或預測後續的用戶行為。

這個軟體很靈活，目的是讓健身追蹤器或付款機制〔7〕像照片編輯app或共乘app那樣容易操作。它能整合到線上精品店、數位超市、銀行、社群網站、串流媒體、遊

6　譯註：布萊恩．伊諾是氛圍音樂的先鋒。

戲網站中。它能為那些讓人訂機票、旅館、餐廳或婚禮場地的平台收集資料；也能為購屋、找清潔工、叫外送或交友的平台收集資料。工程師、資料科學家與產品經理，可以把我們的程式碼插入他們的代碼庫中，指定他們想追蹤哪些行為，並立即收集資料。用戶在app或網站上做的任何事情——點擊按鈕、拍照、支付、向右滑動、輸入文字等等——都可以在那些賞心悅目的儀表板上即時記錄、儲存、彙總，並且分析。每次我向朋友解釋這些時，聽起來就跟播客廣告沒什麼兩樣。

那個軟體可以依據目的挑選詮釋資料（metadata），從而對用戶行為做最詳盡的追蹤，深入到你能想像的最細膩層級。資料可以按app收集的任何東西進行區分，例如年齡、性別、政治傾向、髮色、飲食限制、體重、收入階層、最喜歡的電影、教育、怪癖、嗜好等等，外加一些以IP為基礎的預設資料，例如國家、城市、電信業者、裝置類型、唯一的裝置辨識碼等等。如果愛達荷州波夕市（Boise）的某名女性只在早上九點到十一點間使用運動app，每個月只用一次，主要是在週日，每次平均使用二十九分鐘，那個軟體會知道。如果交友網站用戶對他附近某個做瑜伽、修陰毛、通常只和一人交往、但在紐奧良逗留期間會想找3P群交機會的人發送訊息，那個軟體也會知道。我們的客戶只要跑報表就能看到這些資料，他們只要提出要求就行了。

客戶若額外付費，就能使用我們的另一種輔助產品：人物分析工具。人物分析工具是把用戶的個資存在企業的平台上，這些資料包含個人化、可搜尋的活動流，以及可識別的詮釋資料。這個工具的目的，是幫企業根據用戶的行為主動出擊，以鼓勵用戶再次惠顧。例如，電商網站可以搜尋自己的資料庫，看哪些男人在購物車中裝滿了刮鬍刀和刮鬍水，卻從來不結帳，接著就發送電郵給他們，提供折扣優惠或提醒他該刮鬍子了。餐點外送 app 發現用戶連續六晚都點「低碳飲食」時，可能會彈出視窗，建議他嘗試某套「高碳飲食」。運動 app 能發現用戶做到波比跳（burpee）某個動作時停了下來，而自動推送通知，詢問用戶是否還活著。

在達到某個門檻以前，這個工具可以免費使用；超過那個門檻後，就要計量付費。企業的系統吸引更多用戶後，資料量會增加，他們每月付給我們的費用也會跟著增加，而由於每家公司都想壯大，這個工具本身應當是有利可圖的。我們的根本假設是，企業吸引到更多用戶時，也會帶給我們更多收入——收入與用量是連動的。

但結果顯示，我們太樂觀了。許多新創企業根本沒有盈利模式，他們的目的是滲透市場。在這種情況下，創投業者的資金暫時替代了獲利：那些新創企業只吸引了用戶，但沒有帶進更多的錢，彷彿它們只是仲介，處於我們與它們金主的銀行帳戶之間。

7　譯註：健身追蹤器好比健身手環之類的；付款機制則比如信用卡付款。

我們的計費方式很直接、簡單、精明。如果創投業者撐起來的生態系統有任何邏輯或基本經濟學可言，那麼我們的計費方式也很合乎邏輯。

• • •

為了做好這份工作，我必須看得見客戶的程式碼與儀表板，每個客服人員都應當如此，不然根本無法幫客戶解決問題。資料分析公司解決這個問題的最簡單方法，就是讓客服團隊成員都有權限，讀取所有客戶的資料集。也就是說，我們彷彿用任何用戶的帳戶登入系統一樣，可以從他們的視角體驗這個產品。

有人稱這種設定為「上帝模式」（God Mode）。我們看到的不是客戶的付費、聯繫資料、組織資訊——雖然必要時，我們也可以看到這些——而是他們針對自己的用戶所收集的實際資料集。這是觀察科技業的有利位置，我們平常盡量不去談論它。諾亞說：「我們不只賣牛仔褲給礦工，還幫每個人洗衣服。」

上帝模式是一種商業教育。「參與」的衡量指標，能顯示一個新創企業的整個生命週期。大家都說新創企業就像火箭升空一樣。遊戲app往往迅速爆紅，並在幾週內退燒。它們陷入沉寂之前，幾乎都有創投業者當墊背，作為緩衝，但我們可以看到趨勢發展的方向。

我們都知道，公司終究會規範內部權限設置（internal permission），限制我們能看到客戶的哪些資料集。我們也知道，至少目前來說，限制我們的權限還不是工程團隊的首要之務。這種員工讀取權限在科技業裡很正常——在工程師過度擴張的小型新創企業中很常見。例如，我聽說，共乘新創企業的員工可以搜尋顧客乘車的歷史，追蹤名人與政客的出遊模式。連那個人人討厭的社群網站也有「上帝模式」：早期員工可以讀取用戶的私密活動與密碼。權限設置（permissioning）其實是企業成長的必經儀式，是為成長需求所做的讓步。

此外，早期員工就像家人一樣受到信賴。一般認為，我們只會在必要時查看客戶的資料集，而且只有在客戶提出要求時才會去查看。無論如何，我們都不會去看我們的愛人、家人或同事，在交友app、購物服務、健身追蹤器、旅遊網站的資料集中留下的個資。我們不會因八卦好奇，而去瀏覽鄰里守望平台的資料集，或瀏覽那個為了想戒掉手淫習慣的基督教男性所設計的線上程式。我們不會偷窺那些資料。

這裡是假設，我們不會去查看前雇主在我們離職後過得如何，不會討論客戶對外宣稱的與他們的資料實際顯示的有多麼自相矛盾（例如，我們看到有科技部落格吹捧我們懷疑即將倒閉的公司時，只會微微笑並關掉網頁，不會張揚）。這裡是假設，如果有上市公司使用我們的軟體，而且我們可以根據它的資料集，畫出這家公司的整體穩健度圖表；或打造出預測模型，以預測這家公司的整體價值何時可能成長或萎縮，我們也不會去買賣它的股票。

我們這個由二十幾歲年輕人所組成的小公司，本著誠信經營。萬一誠信受損，每個員工的行為都有徹底的審查記錄：創辦人已經在我們的系統後端加裝了一個程式，以便追蹤我們看了哪些客戶資料集，以及跑了哪些報表。但從來沒有人提過「內線交易」，沒有人有媒體聯絡人，公司也沒有規範洩密的政策。這並不是說我們需要這種政策，執行長喜歡提醒我們，我們「戮力從公」（down for the clause）。

五　共享新世界

雄心勃勃的人蜂擁向舊金山，令舊金山無福消受。那裡向來是嬉皮、同性戀、藝術家、活動份子、燃燒者（Burners）〔8〕、皮衣老爹（leather daddy）〔9〕、弱勢之人與怪人的聚集地。當地政府腐敗已久，房市基礎是帶有種族歧視的都市更新政策——房地產的價值因紅線政策（redlining policy）〔10〕、歧視性的分區做法、二十世紀中葉的拘留營〔11〕而高漲。那裡原是自由古怪的邊緣人的聖地，但以上那些歧視性的敘事，再加上一整個世代因愛滋病喪生，導致這個聖地聲譽受創。舊金山對自身的虛幻充滿了懷舊之情，沉浸在過往寧靜時光的幻覺中，並未跟上新崛起的科技界暗黑三合一力量：資本、權力，以及矯枉過正的乏味異性戀陽剛氣息。

8　譯註：指認同「火人祭」（或譯「燃燒人」，Burning Man）理念的人。
9　譯註：年紀較大的男同性戀，通常穿著皮衣，是年幼男同志的愛戀對象。
10　譯註：紅線社區的居民絕大多數是黑人，只有極少數是貧窮的白人，所以紅線政策歧視的對象是黑人。
11　譯註：對日裔美國人的囚禁。珍珠港事件發生後，美國政府扣留與囚禁十一萬居住在美國太平洋沿岸的日裔美國人。

對年輕又有錢的未來主義者來說，這是個奇怪的地方。由於缺乏生氣勃勃的文化體制，整個產業的娛樂中心可能就只是運動：人們從山林跑步與日間健走之中追尋崇高，在馬林縣（Marin）享受豪華野營，在太浩湖（Tahoe）租用小木屋。他們上班時穿得彷彿要去登山似的：高性能的羽絨服及擋風防水的軟殼衣，附帶裝飾性鉤環的背包，貌似要去收集引火柴，搭建斜頂小居，而不是去有空調的開放式辦公室拉業務或建立pull-request。他們彷彿穿上了戲服，在實境角色扮演遊戲（LARP）中扮演週末的自己。

這些居民所追求及培育的文化，是生活型態。他們藉由評分來培養自己與新家的關係。評價app讓人對任何東西打分數，舉凡港式點心、遊樂場、山林步道等等，都可以評分。創辦人外出吃飯，以確定餐廳的食物嘗起來確實像其他評論者說的那樣。他們還會貼出開胃菜的照片與餐廳的裝潢細節。他們追求真實，卻沒意識到，在這個城市中，當下最真實的是他們自己。

舊金山消極反抗、進步、放縱寬容的政治傾向，很容易激怒外來移民，但科技公司自詡的代表性也不適合每個人。每隔三個月，就有初來乍到的工程師或充滿抱負的創業者，在一個沒有盈利模式的部落格平台上發表長篇大論，痛斥窮人緊巴著「租金管制」（rent control）〔12〕的房子不放，從而推高了獨立產權公寓（condo）〔13〕的價格，或痛斥高速公路旁的帳篷城〔14〕礙眼。他可能建議把無家可歸的遊民變成Wi-Fi熱點來賺錢。

他也可能大罵當地的球隊軟爛無能，批評當地單車太多、大霧瀰漫。「像動不動就經前症候群發作的女人。」一名二十三歲的群眾募資平台創辦人如此描述天氣。這種隨性把厭女情結延用到天氣的說法頗有創意，但這些數位大使似乎也不喜歡真正的女性：他們抱怨舊金山的女性長得不夠正，也抱怨女性不夠多。

就像多數規模更大、成立更久、更嚴肅的硬體公司，這些主要的網路新創企業在南方三十英里（約四十八公里）的郊區半島上落腳，公司裡設有糖果店、攀岩健身房、單車修理站、醫療保健中心、美食餐廳、美髮沙龍、營養師駐點、日間托兒所，好讓員工沒有理由踏出園區。員工搭公共交通工具就能抵達公司，但公共運輸上不提供Wi-Fi，所以每個上班日，公司的專車會在員工居住的市區鄰里間穿梭，在公車站前停下來，接通勤員工上下班。

這些通勤者把企業識別證掛在腰帶或外套上，就像商場內避免走失的孩童那樣。他們背著背包，拿著環保咖啡杯，排隊等候巴士。有些人把裝滿髒衣服的洗衣袋掛在肩上。他們看起來疲憊、溫順、怯懦。大多時候，他們都盯著手機。

12　譯註：美國部分地區針對低收入戶的租屋或購屋，有特別的補助，若符合補助標準，即可用極低價格租到房子。
13　譯註：獨立產權公寓又譯「共度屋」，不受地方租金限制。
14　譯註：搭有大批帳篷的地區，尤指無家可歸者搭起的臨時住所。

外地來的新創企業員工抱怨這裡的交通基礎設施，那是個缺乏效率的老舊系統，午夜幾乎完全關閉——反正拿中階技術薪水的人又不搭公車。許多交通app如雨後春筍般湧現，取代了舊金山破舊的有軌電車，以及不可靠的計程車車隊。其中最大的是一家共乘新創企業，它不惜一切代價想稱霸市場，包括獲利方面。

它的主要競爭對手擁有近乎一樣的商業模式，但品牌形象討喜多了。比較討喜的那家共乘新創企業要求司機（開私家車的簽約勞工），在汽車的水箱罩上綁個毛茸茸的超大紫紅色鬍子，並以碰拳頭的方式跟乘客打招呼。沒想到這招竟然奏效了，這家公司了解它的受眾，知道俗氣的舊金山人吃這一套。畢竟，這裡走三、兩步就會看到一家以雙關語命名的商店。

我不再期望城市應是什麼樣貌。這裡的酒吧與咖啡館開得晚，關得早；車流似乎倒退往山下駛去。這個城市以各種詭異的複合方式運行，例如：一家按次付費的瑜伽工作室，與一家加密通訊平台的總部，共用一間破舊的無電梯公寓；一家販賣散裝香菸的雜貨店，開在一家無政府主義的駭客空間下面。老舊的辦公大樓雖然寬大，但凌亂無章，鋪著大理石地板，油漆斑駁脫落，內有牙齒矯正診所、買賣珍本書的書商，還有一家四人公司，他們正試圖把人力資源遊戲化或把冥想商品化。資料科學家在多洛瑞斯公園（Dolores Park）中，與玩呼啦圈的人及嗨翻的郊區青少年一起抽大麻。獨立電影院在播放一九七〇年代的邪典電影前，先播放連網裝置及B2B軟體的廣告。連乾洗店的衣架也暗示著，這是一座轉型中的城市，上面掛著漿過的警察制服、人造霓虹皮草、外面套著塑膠袋，旁邊掛著訂制西裝與可機洗的套頭衫。

遊民聚集的營地，在豪宅開發區的隱匿處如雨後春筍般萌生。遊民在電車站睡覺、拉屎、吸毒，躺在快時尚及生產力app的廣告下方，一波又一波的通勤者小心翼翼從他們周邊走過。某天早上，我聽到有人在我那個街區的拐角處嚎叫而驚醒。是一名女子在怒吼抗議，她拖著一隻腳走著，身上只穿著一件破T恤，上面印著一家跨國消費電子公司的商標。

在這個城市，大眾的痛苦如此密集。對我來說，這種經驗還是頭一遭，令人不安。我從來沒看過如此顯眼的痛苦與富足的理想主義並陳，覺得實在刺眼。那是眾所皆知的懸殊落差，但我以前低估了那落差。身為紐約客，我以為自己已經看多了，對此會見怪不怪。但這個城市的光景令我羞愧，覺得自己天真得可笑，也感到內疚。

• • •

我搬進卡斯楚區（Castro）的一間公寓，與一男一女同住。他們快三十歲了，這裡是他們想辦法跟二房東承租的。他們也在科技公司上班，女子在那家人人討厭的社群網站公司擔任中階產品經理，男子則在一家經營困難的太陽能新創企業擔任資料科學家。他們都是長跑好手，資料科學家還在臥室裡擺了一台競速單車。他們倆看起來都很結實，沒什麼體脂肪。他們在公寓裡沒有擺放任何藝術品。冰箱上有一組新奇的磁鐵，排成完美的網格狀。

這間兩層樓的雙拼公寓很大，有兩間客廳，可以看到海灣。他們倆都表示想獨立生活，但又無法放棄租金管制的公寓。他們的年薪隨便加一加都超過四十萬美元（這還不包括女方的股票），其實不符合承租「租金管制」房子的資格，但他們還是租到了。我跟二房東簽約以拿取鑰匙時，這兩個新室友還恭喜我，說我很幸運。

我跟產品經理處得比較好，儘管我們分屬不同領域：我屬於新創企業圈，那是個永遠青春洋溢的國度。她像其他成年人一樣，從一家公司跳槽到另一家公司，做好本分，力爭上游。她受過小提琴的傳統訓練，喜歡收集皮裝的古書，就像契訶夫（Chekhov）筆下的人物一樣。相較之下，我覺得自己好像缺乏素養，我只有五顏六色的當代平裝書，對誇張的獨立搖滾樂情有獨鍾。她似乎覺得我很有趣，或許也覺得我有點可憐。我欣賞她，但不了解她。多數時候，我們是聊運動。

我租的臥室裡有一張充氣床墊及一個防火梯。我逐一把搬家用的箱子從公司的儲存櫃搬回公寓。我把書堆放在地板上，把露營毛毯鋪在床上，把上衣和一片裙掛在衣櫃裡。那些衣服看起來像別人的，可能是因為它們確實不適合我了。幾週後，我把它們裝箱，寄給一個在紐約做出版的朋友，她仍為了辦公室的其他女性而精心打扮。

安全梯是通往屋頂的私人通道，我偶爾會爬上去環顧四周。我的目光越過色調柔和的維多利亞式建築，凝視沙沙作響的木蘭樹、飄過山丘的霧氣，以及行經海灣的貨櫃船。我常對舊金山產生一種情愫，一種希望般的悸動——那種感覺不管再怎麼微弱，最終都變成一種家的感覺。

• • •

產品經理滿三十歲時，在我們的公寓舉辦了一場紅酒與起司派對。我和資料科學家都獲邀參加了。我把派對日期記在日曆上，彷彿我可能忘記似的。

產品經理的朋友很快就來了，他們都穿著雞尾酒會的禮服。她自己身穿黑色絲綢禮服，令人驚艷。她為了這場派對，買了數百美元的乳酪。古典音樂在屋內蕩漾。一名男子開了一瓶香檳，他跟我們保證那是法國產的。軟木塞「砰」一聲彈開時，大家熱烈鼓掌。

我感覺自己好像身處父母派對的小孩，於是我縮回自己的房間，鎖上門，脫下上班的服裝（寬鬆的毛衣、高腰牛仔褲），換上緊身連衣裙。公司的什錦堅果讓我胖了五磅、八磅、十磅。我回到客廳時，用力縮小腹，從大家的背後穿過，想找人閒聊。沙發上坐著兩個穿西裝的男人，他們正熱切地談論大麻的商機。每個人看起來都很自在，沒有人跟我說話。他們舉杯的角度恰到好處，優雅地撣掉手上的食物碎屑。我最常聽到的字眼是「營收」，也有可能是「策略」。

我發現這些人是百萬新貴，他們不是每一個都很富有，有的人尚未發財，但也快了。我的同事也充滿抱負，但風格不同，他們不可能穿著訂製西裝參加家庭派對。

後來，我與一群男性上了屋頂。遠處可見卡斯楚大街上那支著名的彩虹旗在飄揚。我感到一陣鄉愁油然而生，驚覺自己離母親有三千哩遠。

「我們想在奧克蘭買房。」男子A說。

「太危險了。」男子B說，「我太太絕對不會答應的。」

「當然不會。」男子A回應，心不在焉地搖晃酒杯，「但你又不是要買來自住。」

最後一位客人離開時，我已經換上內搭褲與運動衫，帶著些許醉意打掃房子：撿起乳酪皮，沖洗塑膠杯，濕著手偷抓巧克力蛋糕來吃。產品經理過來跟我道晚安，她看起來很美：微醺，尚未大醉，洋溢著眾人的祝福。她與男友一起回到自己的房間。

我從外面可以聽到他們悄悄脫衣，慢慢地躺到床上，然後翻身入睡。

‧‧‧

多數夜晚，我工作到很晚。天黑後，辦公室附近的街區都沒人了。街角有一家平價百貨公司。穿著破褲的男人在電車站前拖著腳行走，大呼小叫。

我下載了每個人都說我會想用的共乘 app，但一直心懷抗拒，沒有使用。我覺得那個產品的功能令人毛骨悚然：我從來不想搭陌生人的車，也討厭搭便車，而且從小到大旁人總是告誡我：別搭陌生人的車。我覺得別人開自己的車送你回家，不是什麼舒適的享受，那感覺好像併車共乘（carpooling）。但是，併車共乘本來是一種環保的社會公益。付錢給一家私人公司，讓他們藉由鼓勵更多私家車上路來推廣併車共乘，這似乎很諷刺，而且本末倒置。

但這裡的公車不只延誤又故障了，返回卡斯楚區的輕軌電車還每四十分鐘才來一班。相較之下，搭別人的車回家快多了。後來我每天晚上都鑽進陌生人的車子裡，輕輕伸出拳頭跟駕駛打招呼，從後座漫無邊際地閒聊。手裡緊握著鑰匙，手指交叉，暗暗祈禱。

六　青年才俊

新人入職手續的一部分，是作業部門的經理安排我和其他部門的同事共進午餐。我與一位客戶經理一起出去用餐，他的辦公桌正好面向我的桌子。他與客戶通話時，常作勢揮杆打高爾夫球，以精進揮杆姿勢。他把教會區（Mission）稱為Mish，但我挺喜歡他的。跟他聊天，很容易聊開來。若以聊天為生的話，他是很好的聊天對象。

我和客戶經理隨便買了一份大三明治，在兩家旅館之間的廣場上坐了下來。我們凝視著那些衣著單薄的遊客。我問他，當初為什麼選擇到這家資料分析公司上班，畢竟他是學歷史的。我不會把歷史系和業務聯想在一起。他說：「拜託，我聽說有一群二十幾歲的年輕人在矽谷做得風風火火，這種情況多久才發生一次？」

我心想，滿常見的啊。那個廣場上，到處是看起來跟我們一樣的人：年輕的白人，一臉疲憊，靠咖啡因和單一碳水化合物生活。前一年，一家做相片分享app、全體成員才十三人的新創企業，被那個人人討厭的社群網站公司以十億美元收購。他們的辦公室離我們才三個街區。「這是快速致富的方法。」客戶經理說：「我們打造了一個未來的工具，大概是未來五年或十年的工具吧。從來沒有人看過這種東西，這個產品基本上不需要你來推銷，它就賣得動。」

當時我還沒意識到做資料分析的新創企業有多罕見。九五％的新創企業都失敗了，而我們不僅排除萬難存活下來，還表現亮眼。每個從大老遠前來灣區的人，都想加入這樣的公司，但這其實是罕見的奇蹟。電子書新創企業的執行長說得沒錯：這家資料分析公司就像一艘太空船。儘管它的規模很小，創立不久，但它已備受肯定，普遍獲得認可，成為獨角獸指日可待。我們的估值已近十億美元，營收每月飆升。我們創業有成，眼看就快發財了。

「這家公司以後會值天價。」客戶經理一邊說，一邊吃著馬鈴薯沙拉，「我們正在顛覆產業。我們有最棒、最聰明的人才。我們正在通往成功的康莊大道上。為了成功，不管需要什麼，我們都他媽的準備好付出了。現在大家要我們做的，是全心全意投入這個勢不可擋的龐然大物中。」他一口喝光冰咖啡，接著說：「坦白講，我覺得這樣做挺划算的。」

• • •

作業部門的經理也安排我和技術長一起用餐。我們從未交談過，所以我不知道會發生什麼事。部門的同事告訴我，技術長聰明絕頂，但很難搞。他是自學成才，高中沒畢業。別的地方需要一群資深程式設計師，才能寫出一套複雜的資料庫架構，但他一個人就能搞定。我不知道同事有沒有誇大，但這不重要，因為所有員工中，創辦人只對他畢恭畢敬。雖然「程式設計師至上」在矽谷是稀鬆平常的事，但他之所以地位崇高，不只因為是程式設計師，也因為他是唯一真正了解核心技術的人。沒有他，就沒有這家公司。

技術長年約三十出頭，留著鬍渣，有一雙美麗的眼眸，身上常散發著薄荷醇的味道。其他工程師是住在海港區（Marina）的公寓，或多洛瑞斯公園旁那些翻修過的維多利亞式公寓，但他住在田德隆區（Tenderloin），那裡犯罪率很高，是散房戶（SRO，Single Room Occupancy）[15]及露天毒品市場的聚集地。有一次諾亞揚起眉毛欽佩地說，技術長是**故意**住在田德隆區。他每天下午戴著耳機、拿著咖啡，拖著腳步來上班，避免跟大家目光相接。他幾乎總是穿著印有公司標誌的T恤，以及一件沒有商標的深藍色連帽衫。

某日中午，我們在金融區一家仿法式風格的餐廳裡點了沙拉，坐在外面一張搖搖晃晃的桌子旁，看著人來人往。男人拿著公事包，女人穿著直筒連身洋裝；他們身穿無害的衣料，踩著假鱷魚皮製皮鞋，看上去比我們老得多，彷彿來自另一個時代（比如一九九〇年代）。我不禁納悶，他們又怎麼看我們倆：兩個看起來懶洋洋、有點嬰兒肥的人，穿著T恤與球鞋，吃著烤雞片，貌似偷刷別人信用卡的不良少年。我把背包推到桌子底下，不讓人看見。

同事曾警告我，技術長沉默寡言，個性難以捉摸。但我跟他相處幾分鐘後不禁納悶，那些同事究竟花多少心力跟他打交道。我發現他其實有一種黑色幽默感，講話時不時語帶挖苦。我們的共通點比我原本想像的還多：我們都有閱讀強迫症，經常失眠。我難以成眠時，經常盯著天花板，擔心關愛的人死亡。他則會趁著失眠時，寫一些工作以外的程式。有時他為了打發午夜到中午這段時間，乾脆卯起來玩長途卡車的模擬電玩。他說，那玩意兒有助於安心寧神，他可以透過數位無線電跟其他玩家交流。我想像他在黑暗中對著無線電對講機低語。

想到他凌晨三點還醒著，在數位高速公路上疾馳，操控著卡車的數位儀表板，不時跟陌生人通話，我不禁好奇，他要是在布魯克林，周遭的人可能會欣賞或鼓勵他對寫程式以外的事情產生興趣，那他可能過什麼樣的生活呢？我依然抱著一種優越感，覺得藝術是治療自我懷疑的良藥。自我懷疑的人別的不缺，只缺音樂與文學的滋養。這類消遣比軟體更真實、更有意義。我想，他可能不太喜歡自己的生活，而可能喜歡

15 譯註：SRO在台灣俗稱「雅房」，美國俗稱「散房」，是只有單一房間的出租屋，需要與他人共用廚房與浴室，主要租給低收入戶。

類似我拋下的布魯克林生活。

我們走回辦公室的路上，我提起那些紐約的朋友，我說他們似乎不懂科技業的工作有什麼魅力。在電梯裡，我們開玩笑說，可以打造一個他們可能感興趣的app，它會根據用戶輸入的書籍基調、時代與主題，透過演算法來推薦雞尾酒調法與文學作品。我回到辦公桌後，就沒再想那件事了。翌日下午，技術長在公司的聊天室中發簡訊給我，說他已經寫好那個app了。

• • •

每個月，這家新創企業都會為大數據愛好者舉辦一次說明會，由產品經理與工程師從客戶名單中挑選一些資料，來說明如何使用資料分析技術做A／B測試、成長駭客（growth-hack）[16]或追蹤用戶流量。雖然我以前很愛參加出版派對，跟一些愛閒聊的編輯助理一邊吃點心、一邊聊八卦或發牢騷，不小心就喝多了廉價紅酒（貪杯總是給這些夜晚帶來一股奇特的情慾暗流），但是在紐約或舊金山，我從未參加過這種社交活動。我第一次參加大數據說明會時，非常好奇：誰會在晚上主動去別人的辦公室，聽這種行動資料分析簡報？

沒想到，這種活動竟然客滿。參加的幾乎都是年輕人，他們穿著印有新創企業商標的T恤和連帽外套，外套的拉鍊拉開，好露出印有相同商標的T恤。我其實沒什麼資格對別人的穿著說三道四，因為我們也穿著印有公司商標的T恤，它們大多是從公司的壁櫥裡隨手抓來的，上頭的皺褶依然清晰可見。廚房裡有一群外燴人員忙得不可開交，他們擺放一盤盤乳酪，為冷飲機增添啤酒及幾瓶在地的白葡萄酒，還有專為客服經理準備的半打沙士，因為他是摩門教徒，不能喝酒。看到他們連沙士都準備了，令我感動。

男人像大一新生參加新生訓練營那樣，三五成群地閒逛。他們站在鋪著桌布的午餐桌附近，桌上的環保餐盤上擺滿了熟食拼盤、水果拼盤、蔬菜沙拉與開胃小菜（迷你羊肉漢堡、小肉包、越式春捲）。會場上何止沒有奇特的情慾暗流，根本感受不到一點性能量，一切都很直截了當。與會者都很清楚自己想要什麼（他們都希望自己的公司成長），他們熱切地談論自己的新創事業，三句不離本行，目的都是接下來要推銷。其實我心底也在打一樣的算盤：我為我工作的地方感到自豪，我們也急需招募人才。

我們這個部門一起被圈在辦公室的一角，那裡放了幾張辦公桌，掛著「客服區」標示。我站在那區，覺得自己有影響力。由於我們的勞力成果是無形的，見到客戶

16　譯註：運用創意、思辯、統計手法，達成增進網站流量、公司營收與用戶數等目標。

的感覺很棒——感覺自己的付出獲得了肯定。客戶走向我們這區，報上他們的公司名稱，請我們幫忙跑報表。我們從來沒要求他們出示公司識別證或任何證明，他們也從未質疑我們為何能輕易擷取他們的資料，因為他們的公司也有客服團隊。

當晚的說明會很棒，是由兩位創投業者以爐邊談話的形式進行。現場沒有實際的爐火，但那兩位創投業者看起來汗流浹背，彷彿腋下快滴出水來了。即使站在最後排，都能感受到辦公室的熱氣。我不曾在一個場子裡看到那麼少的女人、那麼多的財富，以及那麼多人迫不及待想體驗大數據是什麼玩意兒。那感覺就像看著兩台自動提款機彼此交談。我不禁低聲對一名工程師說：「我想要『男人談論大數據』這方面的大數據。」他根本不理我。

活動結束後，我們一群人去了街角的一家夜店。夜店開在地下室，以營造出二、三〇年代的地下酒吧風格。裡面有厚重的天鵝絨簾幔，有爵士樂隊現場演奏，還有以「調酒師」(mixologist)自居的酒保。這家位於到處是無紙化辦公室的社區邊緣、仿地下酒吧風格的夜店，是以報紙為主題，牆上貼滿了看似泡過紅茶的報紙，打字機散放四處當裝飾。

同事們一臉倦容，但打扮得光鮮亮麗，充滿自信。他們暢飲酒品，推擠打鬧，以吸引執行長關注。我暫時與執行長兩人一桌，喝著帶有濃濃薄荷味的東西。「我希望你最後能領導客服支援部。」執行長說著，傾身向前，「我們需要更多女性擔任主管。」我沉浸在他的關注中。我喝完那杯雞尾酒後，讓杯子裡的冰融化，接著也喝掉融化的水。當時我沒想到應該提醒他，如果他希望有更多女性擔任主管，或許公司應該先從雇用更多女性做起。我沒提到，即使我們雇用了更多女性，辦公室文化中還是有一些事物可能令女性不自在。我只告訴他，他需要什麼，我都會配合。

後來，我去了洗手間，排在兩個穿高跟鞋與休閒洋裝的女人後方。她們貌似年齡與我相仿，但是看起來更高雅，更光鮮亮麗。她們很像我以前想在出版業變成的那種女人：泰然自若、舉止優雅、風姿綽約，但我一直做不到。今晚她們可能過得跟我截然不同，我們三人倚著瓷磚牆壁，玩著手機。我的收件匣裡積滿了客戶的郵件，我刻意不低頭去看我沒塞進去的襯衫及腳下的球鞋、牛仔褲頭露出的髖部，以及胸前名牌上寫的「客服」字樣！我盡量不從她們的角度想像我是什麼樣子。

我回到酒吧時，很慶幸那裡燈光昏暗。我發現部門同事在離開辦公室前，都沒想過先換衣服。就像實地到野外露營的露營愛好者一樣，我們都穿著公司的T恤，胸前的文字向外界宣告著：**我是資料導向者**。

七　戮力從公

每週二的正午時分，上百個警報器會在舊金山各地同步鳴響，以測試這個城市的緊急警報系統。然而，在這家資料分析公司裡，那個警報聲也提醒我們，每週的全體會議時間到了。公司裡最聽話的人會坐在辦公室中央的兩張沙發上，其餘的人則把辦公椅直接轉過來，在執行長的周邊圍成半圓形，像幼稚園的孩子一樣。

每次會議一開始，營運經理都會發放一份資料，裡面包含全公司的指標與最新數據，例如銷售額、新用戶數、成交的交易等等。我們都知道高層關注哪些細節，從求職者的名字、面試進度到預計營收等等，我們都瞭若指掌。這樣公開事業全貌，能讓每個人的貢獻攤在陽光下。能夠看出及衡量自己的影響力，那感覺很好。在會議結束時，營運經理會收回那些資料並銷毀。

執行長一向是全體會議的焦點，他會向大家報告公司的財務狀況、產品藍圖，以及他的總體計畫。我們公司也跟上了生態系統的潮流，積極地落實透明化。真正重要的決策可能是在「五角廳」裡，或是在聊天室的祕密頻道中做的，不過高層願意對全體同仁透露上述資訊，那種休戚與共的感覺還是很好。

我們公司運作得不錯，一直以來都不錯。在這個有獲利就有資格炫耀的文化中，我們有很多值得沾沾自喜的地方。我們的營收圖看起來像卡通一樣，工程師建了一個內部網站，我們可以在上頭即時看到營收流入。這個訊息很明確，也令人陶醉：社會重視我們的貢獻，由此可見，社會也重視我們。看來公司不只會公開上市，而且很快就會這麼做。

即便如此，自滿仍是成功新創企業的敵人。為了避免我們志得意滿，執行長喜歡對我們灌輸恐懼。他的外型不會令人望而生畏（他以髮膠抓豎頭髮，身型削瘦，在室內常穿著綠色外套，應該是為了禦寒），但他就是有辦法把我們嚇得半死。他喜歡使用軍事用語，雙臂交叉站在我們面前，繃緊下巴對我們說：「我們在打仗。」在世界上，敘利亞、伊拉克、以色列確實處於隆隆砲火中。我們則是為了搶市占率，而與競爭對手爭戰。每次聽他這麼說，我們總是低頭看著手中的康普茶或柳橙汁的瓶子，一本正經地點點頭。

執行長不太懂得鼓舞人心，但他確實令人欽佩。那不只是因為他是辦公室中最有權勢的人（當然，他永遠是辦公室中最有權勢的人）。他似乎有點石成金的能力，碰到的每樣東西都會變成金子。不管他稱讚哪個員工做得很好（雖然這很罕見），總是給人很大的成就感。大家都亟欲討好他，我們總是孜孜矻矻，不敢懈怠，戮力從公。

「戮力從公」（Down for the Cause，簡稱 DFTC）這句話不只出現在我們的人才招募訊息上，也出現在內部溝通中。那是指把公司擺在第一位，是一種最高形式的讚美。讓執行長親自感謝你「戮力從公」，是我們追求的終極目標。如果是在公司的聊天室裡獲得表揚，那就更好了。這種情況偶爾會發生，當有人在工作職責之外，做了對公司特別有利的事情時，只要執行長心情好，我們的運氣也好的話，他就會公開褒揚幾句。

• • •

這裡很容易培養革命情感。我們的辦公室大到足以擺下一張寬大的臥鋪，但我們的關係依然緊密。我們都知道誰有宿醉，誰有壓力誘發的大腸激躁症。我們遵守一項被我們戲稱為「坐下時數」（ass-in-chair）的衡量指標：我們的上班時數就是最好的證明，沒有人敢偷懶懈怠。萬一有人搞失蹤，那肯定是出了狀況。研究顯示，生產力與延長工時之間幾乎沒什麼關聯，但科技業最愛標榜自己與眾不同，他們覺得不管研究結果如何，反正我們是例外。

而且我們過得很開心。我們避開了企業界的繁文縟節，隨時有機會直接向管理高層表達意見，越級呈報，一次跳個一級或三級。我們可以隨心所欲地穿著打扮，任何怪癖都會獲得包容。只要對工作有貢獻，你可以充分做自己。

工作已經滲入我們的身分。我們就是公司，公司就是我們。小失敗與大成功同樣反映了我們個人的不足或才華。不斷前進的衝勁令人著迷，感覺自己是公司不可缺少的人才也令人陶醉。每次在健身房看到陌生人穿著印有我們公司商標的T恤，或者社群媒體或客戶的部落格提到我們，或是收到客戶的肯定，我們就會在公司的聊天室裡分享，感到自豪，真正的自豪。

• • •

我也穿起了法蘭絨服飾，並買了一雙澳洲工作靴，套著它騎單車上班，騎得滿身大汗。我開始天天服用維他命B，感覺腦子更清醒，也變得更開朗了。我開始接觸電子舞曲——那是「火人祭」(Burning Man)留下的東西，跟「狂喜舞」(ecstatic dance)〔17〕、鑲滿LED的雕塑、或迷幻花紋的內搭褲等玩意兒一樣，在舊金山灣區一帶永不褪流行。

一邊上班一邊聽電子舞曲，給我一種自己正在做大事的幻覺，但它幫我跟上大夥兒的節奏。那是我們這個世代的音樂類型：電玩與電腦特效的音樂，二十四小時忙不

17　譯註：狂喜舞又譯「入神舞」，自在地隨著音樂起舞，不需要遵循特定的步驟，而是沉浸在音樂的節奏中，隨著音樂或心情起舞，喜悅感油然而生。

停的音樂，自豪地出賣自己的音樂。那些音樂令人沉迷於享樂，製作成本低廉，那是沒有歷史感的音樂，或全球化的音樂，或虛無主義的音樂，但很有趣。它讓我感覺像剛剛嗑了古柯鹼，只是沒有快感。它讓我覺得自己好像要前往某處。

帶著純粹的自信在這個世界上飛奔，就是這種感覺嗎？我一邊納悶、一邊以手指按著太陽穴，心想，難道身為男人就是這種感覺？背景音樂令人銷魂忘我，彷彿周遭的一切都是跑鞋廣告或豪華汽車廣告的一部分，但我無法想像開車或上網購物時聽著電子音樂，也無法想像我為父母播放這種音樂。我站在調高的升降桌邊，身體靠向桌子，一邊寫電郵、一邊打拍子，跟著部門的其他人一起隨著音樂搖頭晃腦，彷彿我的腳在轉動世界似的。

• • •

部門同事都很擅長滑 RipStik 蛇板，他們踩著蛇板在辦公室裡滑來滑去，一手拿著筆電，一手透過手機接聽客戶來電，從辦公桌滑到廚房、再滑到會議室。

在這裡，熟悉蛇板是必經的成長儀式，但不知怎的，我就是做不到。試了幾週以後，我上網買了個螢光綠、有四個輪子的塑膠小滑板。不拿來滑行時，它看起來很酷。週末，我進辦公室練習滑板好提升平衡感。它滑動得很快，很危險。我大多把滑板放在升降桌底下，站在上面一邊工作，一邊搖來搖去。

• • •

我們的主要用戶是程式設計師與資料科學家，因產業性質使然，他們幾乎都是男性。後來我逐漸習慣跟他們談技術，雖然我不是真的了解技術本身。我自信地跟他們討論cookies、資料對應、伺服器端與用戶端的區別。我開朗地建議他們，只要加入邏輯思考就很容易理解了。這樣說對我而言毫無意義，但通常能讓工程師產生共鳴。

每週我會為新客戶舉辦兩次網路直播教學，跟一群陌生人分享我的螢幕，把滑鼠指向模擬公司資料集的示範儀表板，在上面點擊。我會照著老套的腳本向他們保證：「別擔心，這是假資料。」我也邀請父母一起來看直播，彷彿想證明我離開他們去做有前途的事情。某天上午，他們真的來看我直播了。直播結束後，我媽寫了一封電郵來，給我一些意見，她直言：「維持那開朗活潑的語調！」

這套工具理當一目了然、直截了當。理論上，它應該要夠簡單，讓行銷經理可以自己運用。至少我同事是那樣宣傳的——他們說那是現代軟體的福音。多年來，我們的宣傳口號一直是「**簡單到老媽也會用**」，但它後來顯得既不禮貌，且政治不正確，所以只在沒有女性在場時才有人講（雖然女性不在場的情況很多）。不過，我們的用戶不知怎的，特別有想像力，他們就是有辦法用錯工具。例如，他們執行自己的程式碼時，發現我們的程式碼毫無動靜。他們檢查儀表板，重新載入及重啟瀏覽器，卻依然無法解決問題時，就會憤怒地發電子郵件給我們。

他們在信中寫道：「我沒看到任何資料。」他們想知道的是：軟體出了什麼問題？我們的伺服器掛了嗎？我們知道他們付了數千美元，結果產品毫無動靜嗎？他們深信那一定是工具壞了，而不是他們出了錯。這些電郵充滿了焦慮，有些客戶還會驚慌失措，上社群媒體指責或貶抑我們的公司。我看到他們如此氣急敗壞時，多少覺得開心，因為我知道我能解決問題。沒有什麼問題是解決不了的，也許根本就沒有問題，只有人為錯誤。

我的任務是向他們保證，軟體沒壞——提醒他們，我們的軟體從來沒壞過。我會開始為他們的流程逐步除錯，有時這需要查看客戶的原始碼或資料。一旦進入其中，我就能開始排解錯誤。那感覺像拿著別針穿過纏繞的項鍊，需要慢慢來，從容不迫，而且很容易遇到障礙。我總是平心靜氣地跟客戶解釋是哪裡出了問題，如果出問題的是他們，我就幫他們找台階下。我安慰客戶，雖然那工具一點也不複雜，但我們的產品確實不好懂。我坦承，我們的檔案應該寫得更清楚，即使那檔案是我寫的。我一再為他們犯的錯誤致歉，每隔幾分鐘就問：「這樣沒問題了吧？」語氣溫和得猶如家庭教師，好讓他們有機會把責任推到我身上。

遇到特別麻煩的情況時，我會直接通電話。我們沒有桌上電話，所以我會給客戶我的手機號碼。在一個以文字為基礎的產業裡，通電話這件事感覺出奇的親密。除非客戶喜歡罵人，不然我也比較喜歡通電話。多數客戶都知道，客服不是來自印第安那州中部的外包客服中心，而是我親自為他們排除問題。我會把辦公椅推進冷氣很強的伺服器機房，一邊喝茶、一邊反覆解說，直到我們達成共識。有時我和客戶會選擇視訊通話及共享螢幕，但這種方式感覺暴露太多、人際接觸太密切了。每次登入這種視訊會議，看到自己的臉掛在一個陌生人的像素化頭像的上方，而且那個人還頻頻對我眨眼睛，我就覺得有點慌。

在離線狀態下，客戶遠離他們冷冰冰的收件匣，以及我們的客服登錄系統時，通常比較隨和。我們客服部的人常常談論如何讓用戶「感到驚喜與愉悅」——這是這家超級電商推廣的客服目標——但有時反而是用戶帶給我驚喜。他們會告訴我職場上的衝突，提及他們離婚與網路交友的經歷。

某日，我透過電話指導一名客戶如何使用我們的「資料匯出API」時，他要我去看他的部落格。我馬上去看了，並且迅速瀏覽他那些談度假與重訓的貼文。我一邊滑過他前妻吃龍蝦堡、兩手叉腰站在各種山上、抱著貓（那隻貓已經掛了）的照片，一邊說明如何設定要求參數。幾天後，我們開始互通電郵，聊一些超出專業領域的事情。我提到我對紐約的渴望，他提到網路交友的缺點。後來我覺得我們變得太過親近時，我就抽離了；我們從未見過面。

幫男人解決他們自己製造的問題時，偶爾我會覺得自己好像軟體，跟機器人沒什麼兩樣：我不是人工智慧，而是智慧工具，一個有同理心的文字片段或一個溫馨的聲音，給出指示，貼心地傾聽。在這些男人收到的每封電郵頂端，我的頭像（那是好友在布魯克林幫我拍的照片）以頭髮半遮著臉，露出害羞的微笑。

• • •

每週兩次，約莫晚上六、七點時，餐點外送app的快遞員會搭電梯上來，推著裝滿堅固錫盤的推車來到辦公室。營運經理會把那些盤子排在廚房附近的櫃台上，她一掀起蓋在盤子上的鋁箔，同事就從座位上蜂擁過去取餐。辦公室供餐並不是為了增進同事間的情誼，也不是出於展現關懷，而是一種商業決定：目的是鼓勵大家繼續待在辦公室，待久一點、持續加班。即便如此，我並不在意。那些食物低碳又美味，其實很划算，比我自己煮的還健康。我很樂於和部門同事一起用餐。我們愉快地圍坐在餐桌邊，狼吞虎嚥。

某天晚上用餐時，執行長鼓勵我嘗試別的工作：學習寫程式，開始做目前職責範圍以外的事。他建議：「讓人覺得非升遷你不可。」我不禁納悶，那個「人」是指誰，不就是他嗎？他說，如果我能寫出一個網路版的雙人跳棋遊戲，他將親自把我升為客服架構師。他回到辦公桌後，寄給我一份程式設計手冊的PDF檔。那份檔案標榜，初學者只要花一個週末研讀，就能熟練地運用JavaScript。

我聽認識的工程師談過，他們第一次寫出一行能夠運作的程式碼時，感覺整個世界為他們敞開了大門。那個系統是屬於他們的，電腦會按照他們的指示做事，他們握有掌控權。他們可以打造自己想像的任何東西。他們提到寫程式時曾進入「心流」狀態，持久沉浸其中，甚至到廢寢忘食的地步，彷如跑者的運動快感，只是他們不需要運動就能進入那種狀態。我喜歡聽他們提到「心流」這個詞，聽起來好像月經來潮似的。

在科技公司工作但沒有技術背景，感覺就像搬到外國居住但不懂該國語言。我不介意試試看學寫程式是什麼感覺。程式設計很乏味，但不難。我覺得它的明確性有點樂趣：感覺像數學或校對工作。它講究秩序，對錯有明確的區別。我在文學經紀公司編輯或審查文稿時，主要憑直覺與感覺行動，我總是怕自己改壞了別人的創作。相反的，程式的反應很明確，對錯一翻兩瞪眼。只要我犯錯，它就會立刻讓我知道，跟我生活中的其他事情完全不同。

我花了一個週末，認真地完成了程式設計的練習，但心裡一直想著我寧可拿那些時間去做別的事情，例如讀小說、寫明信片給家鄉的朋友，或者騎單車去探索陌生社區。掌控電腦絲毫勾不起我的興奮感，我沒進入心流狀態，對軟體毫無需求或渴望，也沒有想要駭入或建造什麼東西。我不需要把生活中的某部分外包給app去處理，我也沒玩過跳棋。我腦中那個對程式設計感興趣的部分，其實也對強迫症行為與完美主義很感興趣，我一點也不想培養那個腦區。

後來，我向工程師提起執行長給我的挑戰，他們一聽都嚇了一跳。他們說，初學者無法寫出網路版的跳棋程式，執行長讓我白忙了一場。不過，當時我覺得，對學習JavaScript缺乏興趣好像有違道德。週一上班時，我告訴執行長，我做不到。在那種環境中，說做不到似乎比沒興趣好一些。

• • •

在那兒工作滿兩個月時，客服經理帶我到附近散步。我們漫步穿過一個小公園，那裡很適合上班族午餐約會，或低風險地與伴侶分手。我們經過一家脫衣舞俱樂部，那裡是本地舉辦開發大會期間的熱門派對場所，同事說那裡有最好的自助午餐。我們從一些吃著十八美元沙拉的人面前走過，閃過那些睡在地上的遊民，他們直接躺在地面熱燙的格柵蓋板上。

客服經理說他為我感到驕傲，說我進步得很快：我已經能夠回答收件匣中的多數問題，即使系統安裝出錯也臨危不亂，而且能夠提供客戶卓越的支援服務。公司覺得我是很棒的投資。他說，公司為了表示誠意，幫我加薪了。他以慈愛的眼神看著我，彷彿他生下我似的。

「我們幫你加了一萬美元。」他說：「因為我們希望留住你。」

八　執行長的女朋友

我放棄了租金管制公寓，搬出卡斯楚區，住進一間套房。套房位於城北一棟破舊的愛德華時期[18]建築的一樓，高於霧線[19]。我帶著一張床墊、兩箱行李，以及六、七箱家當，坐在搬家卡車的後方。我們沿著迪維薩德羅街（Divisadero）往下開了半英里，又沿著海特街（Haight）開了半英里。搬家工人只花了半小時，就幫我把東西從舊家運到了新家——整個過程實在太短、太微不足道了，所以我付錢時，他們堅持給我折扣。

那間套房小巧明亮，由我一人獨享。凸窗上有欄杆，但我不在乎。我只在乎有扇凸窗，窗外有棵又老又彎的澳洲茶樹。浴室裡有個狹小的淋浴間，小到我覺得站在裡面好像達米恩．赫斯特（Damien Hirst）的藝術創作：被關在玻璃箱中的母牛標本。有一扇後門通向地下室，穿過那扇門可以到一片共有的花園，那裡有一棵紅杉與一棵垂死的大棕櫚樹。

房租是每月一千八百美元，約是我每月稅後收入的四成。我不打算在那裡住超過一年：我心想，我會在職場上更上層樓，帶著中階經理的頭銜與市場所需的技能回到紐約。此外，我從來沒有一個人住過，而現在我可以獨享大約八坪的住所。我感覺自己擁有完全的隱私，四面都有防護。

介紹這間套房給我的仲介要求一大早見面。他把鑰匙交給我四十八小時後，我終於知道原因了。這間套房面向馬路，有些人會聚在街角彈吉他、打架、叫賣毒品，或對路人指指點點。他們蹲在茶樹旁，開槍、分手、爭吵、撒尿。有些人嗑迷幻藥產生不好的幻覺，呼天搶地，哀爸叫媽。有些人無精打采地坐在街區附近一家老舊電影院的外頭。這個街區最近轉型成現代公社，以迎合數位遊牧族的需求。他們摸著愛犬，晾在那邊沒事幹，一個鄰居說他們是「信託基金寶寶」(trust-fund baby)〔20〕。我們一起從旁邊的信箱取出郵件時，他翻著白眼：「從他們的牙齒你就看得出誰矯正過牙齒。」我不知道他指的是那些無家可歸的千禧世代，還是數位遊牧族，我也沒追問清楚。

晚上回到家時，這一帶感覺像另一個城市，幾乎看不到矽谷生態系統的痕跡。舊金山的微型社區有根深柢固的老舊城市特質。例如，卡斯楚區是一條充滿影射風格的

18　譯註：英王愛德華七世時代是指一九〇一至一九一〇年。
19　譯註：霧線以上容易起霧。
20　譯註：「信託基金寶寶」指家裡很有錢，從小家人就幫他存了鉅款，讓他日後就算不工作也不愁吃穿的人。

零售街，以前裸體主義者在小酒館的桌上喝咖啡，他們把生殖器塞在運動襪裡。那裡一直是某種修正主義懷舊風格的速成班。不過，海特街（Haight）可能是老舊風格最強烈的，那裡有高亢的不滿噓聲，還有十幾歲的大麻供應商。

這個社區孕育了一九六〇年代的反主流文化。近五十年後的今天，似乎沒有人願意放棄那種身分。世界各地的遊客像朝聖般來到這裡，尋找可能從未存在過的東西。他們在主要街道上閒逛，不時鑽進販賣呼麻用具的小店與古著店裡一探究竟，並在描繪著名已故音樂家的壁畫前拍照。他們避開躺在免費診所外的青少年，把目光從停在街上、手搖窗上鋪著毛巾和報紙的廂型車移開。

日落時分，在販售紮染內搭褲與迷幻藥先驅的明信片的商店門口，有人蜷縮在二手露營裝備中或硬紙盒上，這比直接睡在公園裡安全一些。在商業街閒逛的遊客，可能把舊金山隨處可見的遊民現象，誤認為嬉皮美學的一環。那些遊客可能壓根兒沒想到，舊金山竟隨處可見遊民。

• • •

我開始不需要加班後，週末便成了挑戰。有時我會與同事見面，但大多時候是一人獨處。我覺得很自由、隱於無形，也很孤單。溫暖的午後，我會去金門公園，躺在草地上聆聽舞曲，幻想著出去跳舞。有些人在迴廊下和愛犬玩拋接球，我欣羨不已。我看到一群又一群的健身愛好者在公園裡運動，心想我能不能靠深蹲交到朋友。

舊金山的綠地上到處是異性戀情侶，他們一起慢跑或一起騎單車，單車上掛著相同的馱籃。漫步穿過公園時，一定會看到有人穿著灰色T恤，練習四點折返跑或練腹肌。這裡公開呈現著一種令人費解的健康狀態。

我獨自騎了很久的單車，帶著手機外出用餐，沿著海角天涯（Lands End）的曲線漫步，聆聽亞瑟．羅素（Arthur Russell）的歌曲，為自己感到難過。我走到日本城的獨立電影院，去看一位大學好友演出的第一部電影。我看到她的大嘴唇在螢幕上微微張開，我用力吸了一口氣泡水，強忍住淚水。

我在公園與餐廳裡偷聽別人交談，急切地聽那些年齡相仿的陌生人怎麼說其他陌生人的閒話。我以很長的字句，詳細描述一些生活瑣事，再透過電郵寄給一些朋友。我一個人去聽音樂會，試圖與音樂家做深刻又持久的眼神交流。我帶著雜誌去酒吧，坐在破舊的電爐旁，希望又不希望有人跟我說話。實際上，從來沒有人找我攀談。

我的單身同事都使用好幾個交友app，他們鼓勵我也那麼做。但我最近變得比較謹慎，對於透露太多個資有些疑慮。「上帝模式」讓我變得多疑，我擔心的不是「資料收集」這件事，對此我已經認命了。我擔心的是在另一端可能看到那些資料的人，亦即像我那樣擁有「上帝模式」、可以看到各種資料的人。我永遠不知道自己在對誰透露個資。

我沒把自己的相片傳上app，而是上傳一張斯洛維尼亞哲學家的拼貼藝術照（背景是一套橘色太空裝）。他把馬克思主義重新介紹給我這個世代中的某個群體——那個群體大多是男性，他們的臥室裡收藏著大量黑膠唱片，自豪的藏書中，多的是在大學裡讀了一半的批評理論與藝術史書。那幅拼貼藝術照是我幾年前做的，可能是為了向我迷戀的對象展示我這個人既有趣又嚴肅，男人可以跟我聊生物種族主義的拓撲網路或回收的死亡政治（necropolitics）好幾個小時。

我躺在床上數個鐘頭，喝咖啡，滑手機。我約了兩個看似無聊且良善的男人，他們都精通社會理論，但約好之後，我又不想跟他們見面了。因為我開始納悶，什麼樣的反社會者會被我的個人檔案吸引？我不再回覆他們，也刪了那個app。

幾天後，我在那個人人討厭的社群網站上驚恐地發現，其中一個男人發了訊息給我。我從來沒對他透露我的全名，也一直很小心，盡量減少在網路上留下數位足跡。我試圖反推他是怎麼找到我的，但不管我怎麼推想，就是想不透。

那個男子說，要找到我不難吶。我願意浪費幾個小時，搞清楚他是怎麼找到我的。

•
•
•

一個高中朋友寫信給我，說要介紹我認識他的工程師朋友。我答應和他的朋友見面喝一杯。我不確定他是安排我們兩人約會，還是幫我拓展人脈；我也不清楚這兩者有多大的差別。我穿了洋裝赴會，以防萬一。衣服的胸前有個小開口微露乳溝，洋裝下面穿了單車短褲。

那名工程師長得很帥，斯文可愛，看起來像那種經常逛創意網站的人。他曾在一家大型社群媒體公司任職，而且很早就加入那家公司，所以講到那家公司時，彷彿自己也是老闆似的。我們一邊吃豬排，一邊聊聊自己歷來的工作。

用餐完畢後，工程師收拾餐桌，提議一塊兒去田德隆區的一家小型雞尾酒吧。我們行經露天的毒品市場時，我不禁想著，該不會在這裡碰到技術長吧？先前我跟他吹噓過我有一些反主流文化的朋友，要是他看到我不是跟這些朋友在一起，而是跟另一個軟體工程師廝混，不知道會不會很失望。

那家酒吧內部貼著立體壁紙，門口站著一個瘦巴巴的保鏢。店內禁止攝影，這表示它是刻意要讓大家上社群媒體披露實況——這是一種游擊行銷手段。酒吧裡的人看起來都頗為自豪。

「這裡沒有酒單，所以不能點酒。」工程師告訴我，彷彿我想自己點酒似的。「你只要告訴酒保三個形容詞，他就會依據那三個詞，來幫你特調一杯酒。我整天都在想我要選什麼形容詞。」我很好奇，享受這種樂趣是什麼感覺？覺得你有資格這樣玩，又是什麼感覺？

我試著要弄那個系統，說我要「煙燻的」、「鹹的」、「生氣的」東西，並暗自祈禱酒保給我一杯龍舌蘭酒，結果這招奏效了。我們兩人倚著牆壁，啜飲著酒。工程師談到他在教會區的loft風格公寓，他的專業單車，以及他習慣利用週間的夜晚去露營旅行。我們聊到數位單眼相機與書籍。他看起來像那種對字體有獨到見解的人。

工程師去洗手間時，我上網查他在相片分享app上的帳號，看到他的照片都是天涯海角的霧景、梅爾比奇（Muir Beach）的霧景、巨浪、山巒，還有日出、日落、夜晚的金門大橋。有一半的照片是拍他的單車或一條空曠無人的道路。我不得不承認，那些照片的解析度很高。

對我來說，營造一種公開形象或個人美學，似乎壓力很大——就像那種讓人在做愛時擔心燈光是否夠美的心態。我知道自己不適合那名工程師精心打造的生活，也知道我們日後不會再約出來碰面了，但我知道我會試試看。儘管如此，那天晚上我騎車回家時，感覺心頭上好像有什麼東西解開了，不管那東西有多小。

•
•
•

沒想到執行長的女友也需要朋友。他澄清，是女性朋友。他透過電郵介紹我們兩人認識，並寫道：「來一場姊妹淘的約會吧。」說到他的女友，我只知道她也是軟體工程師，在一家以製作精緻兒童娛樂出名的電腦動畫公司上班，他倆住在同一棟樓（但刻意住在不同樓層。我覺得這樣的安排挺天才的），當然，他很愛她。

我們在公司附近的一家酒吧碰面，在門邊的白色皮革沙發上坐了下來。這家酒吧看起來像第一次科技熱潮留下的東西，隨處可見麂皮絨和鉻合金材質以及崁燈，貌似一九九〇年代的夢想板（vision board）〔21〕。酒吧播放著沙發音樂（lounge music）。部分場地圍了起來，讓一家創投公司在那裡舉辦活動。穿著日式牛仔褲、白色西服襯衫、胸前別著名牌的男子互相打手勢，他們的目光越過對方的肩膀，以尋找更好的交際對象。光是可以離開辦公室，我就感到開心。

執行長的女友泰然自若，口齒伶俐，態度真誠，看起來很沉穩。她有一頭像洗髮精廣告般的秀髮，穿著單薄低調的外套。她說她的工作很有趣，也說她協助開發的產品讓人快樂。總之，聽起來一點也不複雜。

我們稍稍聊了一下對科技業女性的看法。我試著想像如果我們變得很親近，那

21　譯註：夢想板是指從雜誌或媒體收集一些照片，用它們來描繪未來的自己與未來的生活，做成照片的集錦。

會是什麼樣子。萬一我得了絕症，她應該會來醫院探望我，但我比較難以想像我們一起呼麻與作畫，或參加實驗性的舞蹈表演。那我們要一起做什麼呢？難道要聊性生活嗎？還是聊性別歧視？

我試著想像，如果我只是她和執行長之間的電燈泡，那會是什麼樣子。我們可能會坐在波特雷羅山（Potrero Hill）籃球場的場邊，看執行長打籃球。她可以教我怎麼吹整頭髮，而不是只吹整前面。我想像我們一起去度假，三個人喝著氣泡水，討論著函式語言程式設計（functional programming）。如果我常跟現在與未來的高管混在一起，或許我也能成為高管。這樣一來，我就有一些有利的門路。我們可以週末去索諾瑪（Sonoma）度假，在居家共享平台上承租整棟房子，站在大理石的流理台邊，啜飲生物動力自然農法製成的葡萄酒，聊聊商業理念。這實在很難想像，就跟我們兩個在地下室龐克音樂會中興奮到汗流浹背，或呼麻後討論著「過去是不是一個地方」那樣難以想像。

執行長的女友問起我的工作時，我總是顧左右而言他。工作是預設的閒聊話題，對我來說，那涵蓋了我生活的一切，但我不知道她到底想知道多少，或者她已經知道多少。我也不知道她會不會把我說的話轉告給男友。由於她有可能把我的話轉告給執行長，那感覺好像是一種非正式的打考績——不過，要是她回去以後，對這次見面的情況隻字未提，那可能更糟。

執行長雖不在場，卻感覺陰魂不散，這使得我不敢和盤托出自己的想法，也不敢把她視為獨立個體。我對於自己無法將她跟另一人區隔開來看，感到羞愧。我不喜歡我把她的主要形象設定成某人的女友、夥伴、附屬品，但我又無法擺脫職場焦慮。也許，雖說我們都渴望交友，但還沒有渴望到足以締造友誼；也許，我們之所以無法成為好友，只是因為共通點不夠多。

我們各自喝了一杯酒，慢慢地小口啜飲。我們討論正在閱讀的書，或已經購買、只要有空就會盡快閱讀的書。我們說好日後相約去看二輪電影（兩人都只是隨口說說罷了）。我們半帶歉意地露出微笑，陷入沉默，嘴裡滾著酒，彷彿我們喝的是比普通白酒更高檔的東西。最後，我們喝完了酒，服務員提議再來一杯，我們很有默契地雙雙謝絕了。

九 政府監視計畫

今年仲夏，新聞報導，美國國家安全局（National Security Agency，簡稱國安局）的一名約聘人員洩露了有關美國政府龐大監視計畫的機密資訊。媒體app以鋪天蓋地之勢，把這則報導傳送到用戶的手機。但午餐時，我和同事都無視手機上充斥的新聞推送通知，只忙著討論要去哪裡外帶午餐：究竟是去街區盡頭的商場美食街呢，還是去墨西哥餐廳？結果，我們帶著還算可以的泰國菜與高鹽拉麵回來，坐在大型的公共餐桌邊用餐，一邊閒聊播客與熱門的電視節目、糟糕的約會經驗，以及即將到來的假期。接著，我們各自回到辦公桌前，繼續設計、銷售、支援，以及行銷我們的軟體。

那名揭弊者披露的資訊包括：國安局正在閱讀一般公民的個人通訊資訊，包括電郵、簡訊、社群網站平台上的通訊。它也收集連絡人名單，建構通訊地圖，追蹤美國人在何時何地與誰聚在一起。國安局在人民不知情或未同意的情況下，耙梳人民的網路活動。它是藉由收集cookie做到這點的。cookie讓它把網路上的用戶行為配對及連結在一起。我對cookie的了解比對其他技術多一些：那是資料分析軟體的關鍵技術。

國安局是透過雲端科技取得那些資訊的。「雲端」意指本身公開透明且短暫多變，這使得我們容易忘記其實它確有其「物」：雲端只是將硬體組成網路，以便無窮盡地儲存資料。所有硬體都可能遭駭，全球科技公司的伺服器已經被政府侵入及劫掠了。有些人指出，科技公司其實是刻意與政府合作，為政府開了後門。有些人則替這些科技公司辯護，說他們並不知情。我們很難知道該同情誰，又該怕誰。

這則報導中，真正引起我關注的是一個小細節，那幾乎只是附帶提到的資訊。據悉，國安局內的低階員工（包括約聘人員），擁有跟高階主管一樣的權限，可以讀取同樣的資料庫，做同樣的資料查詢。所以特工會暗中監視他們的家人、愛人、敵人與友人。那簡直跟惡夢沒兩樣，但一點也不難想像。

在這家資料分析公司中，我們從未談過那個揭弊者，連休息時間閒聊也沒提過。一般來說，我們很少討論新聞，當然更不可能討論那則報導。我們覺得自己沒有參與監視經濟，也覺得我們不是在幫企業建立不受監管的人類行為私人資料庫。我們只是幫產品經理做更好的A／B測試，幫開發者開發出更好的app罷了。這裡的一切很簡單：大家喜歡我們的產品，並利用它來改進他們自己的產品，好讓大家也喜歡他們的東西。這沒什麼邪惡之處。況且，即使我們不做，別人也會做。我們的產品不是市場上唯一的第三方資料分析工具。

在資料分析這個領域，我們唯一承認不諱的道德困境是，「是否把資料賣給廣告商」這個問題。我們不做這種事，在這方面我們依然堅持正派經營。我們只是一個中立的平台、一個管道。

如果有人對於我們客戶正在收集的資訊提出疑慮，或擔心我們的產品可能遭到濫用，客服經理會提醒同仁，我們不是資料仲介者，藉此把我們拉回現實。我們並沒有建構跨平台的檔案，沒有讓第三方涉入公司系統。消費者可能不知道他們被追蹤了，但這是他們和我們的客戶之間的事。

客服經理總是微笑指出：「別忘了，我們是正派經營，我們是好人。」

• • •

我們忙得不可開交，新客戶多到應接不暇。每個團隊都需要招募人手，公司把新人推薦獎金從每人五千美元追加為八千美元。諾亞開始從推薦獎金獲得可觀的第二份收入，他還請弟弟與父母幫他找人。

執行長對人才招募很挑剔。他說，公司的前一百位員工決定了公司未來的基調。文化有涓滴效應，會逐步往下擴散，所以審慎決定文化的發展非常重要。這個理念也強化了我們的自尊感與向心力：我們相信自己是萬中之選，少數的精英。但這也表示公司很難擴大規模。

我為客服團隊面試了幾十名應徵者。我問一個來應徵客服工程師的人：「你怎麼跟中世紀的農夫描述網路？」盡可能裝出權威語氣問道：「你做過最困難的事情是什麼？」

幾乎沒有應試者通過創辦人那關，久而久之，他們開始感到不耐煩，覺得我在浪費他們的時間。執行長指示：「不要雇用比你差的人。」他這樣講算是一種恭維。

執行長與客服經理都認為，客服部需要更多女性，但他們並沒有雇用任何女性，反而招募了一小群大材小用的千禧世代男性，他們曾有法律、金融、教育或宿舍創業的經驗。其中一個以前在紐約當私募基金的分析師，以「甜心」稱呼我，全身上下都是反抗華爾街的青春裝扮：戰鬥靴、緊身牛仔褲、蓬鬆的超大毛衣。另一人曾在波士頓的公立學校教數學。他說，相較之下，新創企業的苦差事跟度假沒什麼兩樣。第三個人剛從常春藤盟校取得運算生物學的博士學位，自稱「博士」（其實是一種玩笑）。除了「博士」以外，他們都比我年輕。

他們比我剛加入公司時更了解技術面，這讓我有點心結。不過，我們相處融洽。他們欣賞我的資歷，稱讚我ＥＱ高。他們幫我修正程式碼，我幫他們訂正文法。他們都很好強，不斷追求執行長的肯定與重視。我則認為我對他們有責任，應該保護他們。

一些客服工程師開始出現職業倦怠的跡象，我向執行長建議，讚揚他們的工作可能大有幫助。我說，他們很需要鼓勵，提升自尊，稍微讚美他們並不會影響生產力。此外，我們甚至能在他們的個人成就指標中，看到進步（我是在週二的會議上，向公司建議那些指標的）。我其實很討厭成就指標，但我喜歡當追蹤指標的人。

執行長的理念和我的不見得一樣。我喜歡談同理心（那是一個講到近乎變成抽象概念的流行語），喜歡教客服工程師如何正確使用標點符號。他喜歡對我們團隊的績效進行複雜的資料分析，並要求那幾個大男孩為那些數字負責。我喜歡談有感性的分析，他喜歡談優化。我想打造一支貼心的團隊，他想要的是一群機器。

「為什麼我要感謝你們做好了分內工作？」執行長皺著眉頭問道：「我付錢請你們來，不就是為了這個目的嗎？」

• • •

來矽谷不久就會明白，在矽谷，工程師以外的人得努力證明自己的價值。公司雇用第一個非技術員工，永遠是一個時代的終結。我們這種人膨脹了薪資，淡化了午餐的談話，創造了流程與官僚作風，要求公司提供瑜伽課與人力資源。然而，我們通常對多元性指標有正面貢獻。

在這家資料分析公司中，階級制度無處不在，而且根深柢固地體現在執行長對行銷的否決上，他堅信好產品會自我推銷。這種階級制度，也反映在我們的薪資與認股權上。儘管證據顯示，EQ不像程式設計語言或敏捷開發，它是無法傳授的（同情心對AI來說之所以是難以踰越的障礙，其來有自），但這種軟性技能依然遭到低估。

我們的營運經理在移民美國之前是公設辯護律師，她在我們公司負責發放薪資、策劃活動、臨時頂替技術人才招募經理、負責室內設計、協助執行長，也兼任臨時的人資長。她以西班牙語和公司的清掃人員溝通，也為董事會準備開會的資料。她忍受大家抱怨公司挑的零食，還因為男廁裡出現嬰兒濕巾而遭到投訴。她曾告訴我，創辦人之所以雇用她，是因為他們知道她能搞定很多事情。創辦人果然很會看人，她確實默默掌控了局面。我不明白，為什麼從文化或金錢的角度來看，這種多元的能力，比編寫Rails應用程式的能力更不受重視。

不過，我還是很容易被這類偏見洗腦。我招募人才時，也是找自動自發的技術人才，並優先考慮對程式設計感興趣的人。某天下午，我跟同事提到，某位求職者利用暑假自學程式設計。我就這樣脫口說出那些話，語帶驚嘆，彷彿那是什麼神蹟似的。

• • •

管理高層安排了一場增進團隊情感的活動，時間是某個工作日的晚上。活動開始前，我們先聚在辦公室的午餐桌邊喝酒，調暗辦公室的燈光，音樂聲調大。客服經理暢飲著沙士，工程團隊養的鬥魚在渾濁的水族箱裡撲騰。

我們一起走到士德頓隧道（Stockton Tunnel）入口處的一個小型活動空間。兩個精力充沛的金髮男女發給我們彩色吸汗帶。他倆體格健美，身上的彈性緊身內搭褲與小短褲包著肌肉分明的下肢，很有魅力，反觀我們我們——一群肚皮鬆垮、脖子僵硬、雙手可能罹患腕隧道症候群的弱雞，彷彿是他們的陪襯。諾亞發現，那名金髮男子竟然是他高中時期的朋友。換成我遇到這種情況，我肯定嚇傻了。但他們立刻笑著相互擁抱，呈現出加州男性友誼輕鬆愉快的一面。

酒過三巡後，大家開始醉的醉、瘋的瘋、跟技術長自拍、跟共同創辦人擊拳，現場氣氛活絡了起來。我們玩攤位遊戲，把迷你籃球投進迷你籃框。我們聚在吧台邊，又多喝了一兩杯。

最後的活動是去城市各處尋寶。我們湧出那棟建築，走到街上，在舊金山的交通顛峰時刻穿梭在車流中，尋找地標。我們在聯合廣場（Union Square）的中心疊羅漢，拉扯彼此的止汗帶，在一間古色古香的銀行台階上拍下大家跳起來的照片。我們從遊客身邊疾馳而過，騷擾計程車司機，惹毛門衛，還不小心撞上遊民。

我們不顧形象，盡情在城市裡奔跑，對冒犯的對象隨口說聲抱歉。我們玩得汗流浹背，爭強好勝——甚至感到開心，也許真的很開心。

・・・

某天早上，我們的行事曆上突然出現一場神祕會議。上次發生這種情況時，大家收到幾份表單，要求我們以一到五分回答表單上的問題。例如：你多想領導一個團隊？你覺得拿捏工作與生活之間的平衡有多重要？這兩題我都給四分，結果被告知我不夠渴望那些事情。

到了那場會議的時間，我們聳聳肩，拖著腳步走進會議室。會議室裡能看到舊金山市中心的絕佳美景，但我們放下了窗簾。隔著街道的對面，有個人以不規則的節拍敲著桶子，時不時惹得我們分心。

我們背對著窗戶坐成一排，啟動筆電。我環顧四周，覺得自己跟大家有一種革命情感，只有這一小群怪咖了解我的生活重心。在桌子的另一邊，客服經理來回踱步，但面帶微笑。他要求我們寫下我們所認識最聰明的五個人。同事都聽話地寫下來了。

但我不禁納悶，他是指哪種聰明？我不斷地蓋上筆蓋又打開。我不習慣按智力高低來排名朋友，但還是寫了五個名字：一個雕塑家、一名作家、一個物理學家、兩名研究生。我看著那份名單，想著我多麼想念他們，以及我遲遲沒有回他們的電話與電郵。我開始納悶，自己為何不再為那些珍愛的人事物騰出時間，頓時感覺到血液湧上了臉頰。

客服經理說：「好，現在告訴我，他們為什麼不在這裡上班？」

• • •

為什麼那些最聰明的朋友不在這裡上班？這很難回答，但不是因為答案很複雜。我的朋友不會覺得在這裡上班有成就感或有意義。他們對其他行業的事業指標不感興趣。他們對科技沒興趣，而且很大程度上，他們的工作動機也不是金錢，至少目前還不是。那些看重金錢的人，可以從其他工作賺到更多錢，例如金融、醫學、法律、顧問，而且他們已經那樣做了。

新創企業的文化不適合他們。他們看一眼新創企業的網站，可能就打退堂鼓了。我們的人才招募網站上放了許多同仁的照片，例如在團體照中，我們都穿著那件印著「我是資料導向者」的T恤，疊羅漢坐在彼此的肩膀上，扮著鬼臉；執行長和同事主動參加太浩湖附近舉行的耐力賽，那是大型障礙賽，他們游過裝滿冰水的垃圾箱，在泥濘的田野間跋涉，同時接受美國大學體育協會（NCAA）第二級別（Division II）〔22〕前運動員的電擊。還有一些照片是我穿著公司的T恤，露出粗壯的脖子，咧嘴而笑。

我的朋友都是努力工作、非常投入且盡職的人，但他們的職業得不到應有的報酬，所以他們的人生選擇完全不起眼。有些科技業的人認為，他們那種人對經濟沒有實質貢獻，所以瞧不起他們。不過，其實前者也瞧不起科技業的人。如果我這年紀的人介紹自己時自稱「創業者」，我那些朋友可能也會沾沾自喜地笑出來，表現出一種自以為是的優越感。

總之，我那些朋友的世界是感性、情緒性、複雜的，兼具理論與豐沛表現力，有時可能很混亂。那不是資料分析軟體促成的世界。我不確定，現在我還能不能稱它為「我的世界」。

22 譯註：美國大學體育協會按運動項目的數量將大學分級，基本上分為一級大學（Division I）、二級大學（Division II）和三級大學（Division III）。這個級別分類僅根據運動項目的數量，與大學的學術排名無關。

十 好產品不用行銷

如果說在紐約，我從來沒想過網路背後有人；那麼在舊金山，我則是不可能忘記網路背後有人。顯眼的新創企業商標，在倉庫與辦公大樓的頂部閃閃發亮，也印在市中心那些通勤者的帽子、背心與單車用品上。

這座城市隨處可見英語遭到顛覆的跡象。在橫越矽谷的高速公路上（從舊金山一直延伸到聖荷西），才是金錢蜂擁的地方，那裡的廣告看板最貴。高速公路兩旁，都是向軟體開發者推銷軟體產品的廣告，而且那些廣告用語都跳脫了語境與文法結構，不太像現代語言。例如：WE FIXED DINNER（我們準備了晚餐。這是送餐服務的廣告）、HOW TOMORROW WORKS（未來運作模式。這是檔案儲存服務的廣告）、ASK YOUR DEVELOPER（問你的開發商。這是雲端社群的廣告）。它們佇立在比較傳統的廣告旁邊，看起來充滿未來感、也很奇怪。不過，現在老行業也開始更了解他們的新目標市場了。一家創立逾百年的金融服務公司（提供壽險、理財等服務，一九八〇年代遇到詐欺）仍採用傳統文法，但拿著鏡子照那些可能不想認出自己的受眾。它的廣告寫著

飛行方面所有值得探究的事，一冊知曉

機艙機密 空中旅行大百科

派翠克·史密斯（Patrick Smith）◎著

亞馬遜網路書店暢銷經典，
航空從業人員與空中旅人必備書籍。
關於飛機、航空及與搭機旅行，
你想知道的一切，都在這一本！

飛航安全始於地面，透視航空產業祕辛

地勤機密

華明琇◎著

第一本揭密航空地勤實況的著作，
跟航空公司打交道不可不知的事！
澈底揭開許多旅客不知道、卻又與
自身權益息息相關的幕後資訊。

《機艙機密》試讀本

《地勤機密》試讀本

掃描這個QR Code可以察看行路出版的所有書籍，
按電腦版頁面左邊「訂閱出版社新書快訊」按鍵，
可即時接獲新書訊息。

「DONATE TO A WORTHY CAUSE: YOUR RETIREMENT」（把錢放在有價值的理念上：您的退休）。

某晚，我在電車站搭手扶梯往下，注意到下面的平台上有一面廣告。那家公司的產品是用來儲存密碼的一種app（身分辨識服務），但它不是對用戶打廣告，而是在招募人才。他們是在對我打廣告。

廣告上有五個人雙臂交叉站著，排成V字型。他們都穿著相同的藍色連帽衫，戴著同樣的塑膠獨角獸面具。我從手扶梯下來時，直接踩在其中一人的頭上。廣告的文案寫道：「BUILT BY HUMANS, USED BY UNICORNS」（人類製造，獨角獸使用）。

這裡的人究竟都聊些什麼？大家常講「co-execute」（共同執行）、「up-leveling」（提升）；把ask、attach、fail當名詞使用。他們常拿「adulting」（成年）這件事開玩笑；互傳爆紅的謎因彼此取暖；使用網路俚語，把它們當成日常詞彙，彷彿縮寫還沒取代其他單字似的。「你知道那個火柴人的動畫GIF嗎？」一名二十出頭的同事描述他的情緒狀態時，這樣問道。我回答不知道，他說：「LOL。」而不是直接大笑出聲。我回應：「哈哈。」但沒笑。

矽谷生態系統中的新創企業，沒有一家是為後代子孫命名的，當然更沒有一家是為了名留青史而命名的。命名標準是由網址（URL）可用性來決定，這迫使新公司不得不創新。某家品牌推廣公司因此趁機大撈一筆，說服新創企業的創辦人給人留下文盲的形象。創業者以捏造的合成詞或去掉母音的名詞為公司命名，成立有限責任公司（LLC）。我只能無奈地接受這種未來，運氣好的話，以後我孫子的大學學費可能就是這種公司贊助的，他們的名稱聽起來像隨意組合或一時口誤說的。

有時你會感覺，每個人好像在說不同的語言——或者是同一語言，但規則完全不同。大家沒有通用的詞彙，而是使用某種毫無美感、也不是特別有效率的非語言：一種商業用語與運動及戰爭隱喻的混搭，自以為很了不起似的。例如，動不動就說「號召行動」（call to action）、前線與戰壕、閃電擴張（blitzscaling）；公司不是倒閉了，而是死了；我們不是去市場上競爭，而是出戰。

「我們正在製造能推動人類進步的產品。」執行長在週二的全體會議上，如此勉勵我們。

• • •

夏末某個陰涼的早晨，霧氣依然繚繞，我們展開實地考察，去看公司在高速公路邊新架設的廣告看板。那天每個人都提早來上班了，營運經理為大家準備了鮮榨柳橙汁、糕點與優格配堅果麥片。桌上還有一瓶還沒開的香檳。

我為公關主任感到驕傲，也為她緊張。目前還不清楚大家會以什麼指標，來衡量高速公路邊的廣告看板。執行長本來就不相信行銷的效用，他認為產品行銷靠的是關係與口碑。他認為，只要產品非常實用、非常必要、精心設計，無需外力就可以滲入大家的生活。廣告看板貴得要命，即使要證明投資報酬率並非不可能，也非常困難。

我們雙手插在口袋裡，成群結隊走入蘇馬區。

我們搭著彼此的肩膀，得意地微笑，在其中一個廣告看板前拍了一張合照。我把照片寄給在紐約的父母，內疚地承諾我很快就會打電話回家。

十一 伊恩

諾亞一直帶著我，就像我的啟蒙老師。認識他的朋友，就好像打開通往舊金山灣區某側的一扇門，門後是我一直覺得自己被隔絕在外的世界。那裡有廚師、社工、學者、音樂工作者、舞者，以及詩人。他們大多沒有全職工作，落實徹底的坦誠，有虔誠的非宗教信念，講話時使用會心團體（encounter group）[23]的用語，在公共場合互相依偎，或是坐在彼此的大腿上。他們都有變裝打扮的裝備。在派對上，走進臥室，發現有人正在進行靈氣療法（Reiki）是很稀鬆平常的。

每個人都在尋找一種生活方式。有些婦女與男性伴侶建立了性別彌補系統。堅定的無神論者買了塔羅牌，煩惱如何為塔羅牌挹注強大的能量最好。他們討論上升星座，比較星相生辰圖。他們前往門多西諾縣（Mendicino）的偏遠村鎮，好在各自長時間使用高劑量的迷幻藥時，確保彼此的安全；他們之所以使用迷幻藥，是為了向成年的自己展現內心深處的童真。

他們寫日誌，也討論日誌。他們參加科技解放夏令營，鎖起智慧型手機，隱藏真名，改用跟動物、漿果與氣象有關的假名。他們前往懸崖邊的靜心冥想園，在那裡逗留數天，不太說話、也不社交。有些人熱切地宣傳一套知名的領導力與自修方案。我上網搜尋時，發現大家普遍覺得那個東西是邪教。

似乎有一半新興的守舊派，閒暇時就是窩在二手沙發上，喝茶，進行聽析（processing）〔24〕。聽析是日常慣例，也是一種集體活動。他們針對情感糾葛、經濟問題，乃至痔瘡等等，給予彼此意見，常聚在一起互通有無、噓寒問暖。

我難以融入他們的世界。我試過「狂喜舞」，但多數時間我晾在一旁調整襪子。我也曾衣著整齊地參加按摩人龍（massage chain）〔25〕。我在派對上請一個沒什麼繪畫天分的動保人士在我的臉上作畫，然後到邊緣跳舞，試圖甩掉腦中的想法。我到一間公社住宅參加以spa為主題的派對，穿著浴袍在屋裡閒晃，但避開熱水浴缸——那宛如生殖器的舒肥浴（sous vide bath）〔26〕。

有人把聽析當成嗜好。但相較於聽析，我反而覺得商業文化那種冷漠、不帶個人

23　譯註：一種小組培訓形式，通常有八到十五人參與，他們透過彼此互動來了解自己及一般的小組流程。
24　譯註：聽析是某種個人諮詢形式，是山達基教幫人檢視自身存在的方式。
25　譯註：按摩人龍指大家排成一條人龍，幫前面的人按摩肩膀。
26　譯註：舒肥是低溫慢煮法，台灣又音譯成「舒肥法」。

色彩的胡扯更有親和力。在我看來，徹底的坦誠就像主觀與客觀之間的屏障瓦解了，看起來很殘酷，卻對他們有效。

我不想評判他們。我欣賞他們的集體狀態，覺得他們很和睦、親近。朋友之間的信任就像家人一樣，坦誠又樂觀，是一種真正的社群。未來模糊不清，現在也不穩定，生活充滿了各種不確定性。每個人竭盡所能地捍衛自己在這座城市中的立足點，保住文化中神聖不可侵犯的一部分，打造一個他們相信會更美好的世界。

• • •

在諾巴區（north of the Panhandle，簡稱NoPa）[27]的一場生日派對上，諾亞的室友伊恩（Ian）坐在我旁邊，跟我聊了開來。我突然覺得非常美好又有趣。這輩子我從未在擁擠的房間內，吸引過任何男人與我交談。後來我得知，這只是伊恩參與社交聚會的方式。他是軟體工程師，但他幾乎只跟文組的人往來。他對外人的反應特別敏銳，喜歡主動去找派對中看起來最無聊的人攀談。當時我獨自坐在沙發上，沒跟任何人講話，努力克制自己的腳不要跟著別人手機傳出的熱帶浩室音樂打拍子，兩眼緊盯著書架（書架上有程式設計書，也有探討多重伴侶的書）。他的態度很友善。

伊恩說起話來溫文儒雅，說到s這個字母時，會發出很輕的氣音。他有一頭像靜電般揚起的頭髮，臉上掛著甜甜的微笑。他不只發問，也會追問後續事情，這很特別。我過了好一會兒才把話題轉到他身上。我問他，你在哪裡高就？彷彿我是東岸的職涯顧問似的。他說他從事機器人領域的工作，但不想在派對上談論這個話題。在科技業工作卻不願談論科技，這種個性非常討喜。

我們發現，我們的人生軌跡是逐漸接近的。我們有共同的朋友——大多是布魯克林的編輯與作家，他是大學時期認識他們的。他的樂隊曾在我大二宿舍的地下室表演過。我甚至去過他現在住的公寓，那次我們客服團隊出去聚會，喝得特別醉，繞路去了他家。他說，那晚他在家，在後方的廚房裡烹煮晚餐。我們愈聊愈覺得，我們居然到現在才見面實在太奇怪了！我有一股衝動想把手放在他的頭髮上。

我們一起進廚房找新鮮的飲料時，看到一群人坐在油氈上，拿著果醬瓶喝酒。其中一人一本正經地問道：「你從父母那裡遺傳的特質中，最喜歡或最不喜歡哪一點？」現場有個男子穿著附帶拖鞋的刷毛連體服，他傾身向前，手掌托著下巴說：「挫折復原力。」其他人點了點頭，另一人問道：「你覺得他們在你身上看到那個特質嗎？」

我心想，這簡直是噩夢。我看了一下後門，一想到與一群陌生人做這種治療式的

27 譯註：舊金山金門公園東側，有一條狹長的綠帶與金門公園相連，看起來像是一條長長的鍋柄，故名Panhandle。NoPa是指Panhandle以北的地理位置。

對話，我就緊張。我根本無法理解，質問我與父母的關係是哪門子的社交方式。我感到局促不安，保守壓抑，跟他們比起來顯得市儈——但我覺得那樣也無所謂。伊恩抓了兩罐啤酒，點頭示意我們回大廳。

我倆回到客廳時，大家正準備動身去唱卡拉ＯＫ。他們澆熄水煙炭，收起空瓶，以手巾和再生紙包了幾瓶啤酒。大夥兒前往日本城途中，我繼續與伊恩交談。在他身邊，我覺得很平靜、很自在。我們穿過阿拉莫廣場公園（Alamo Square Park）時，他輕輕牽起我的手，放進他的外套口袋裡，一路上一直這樣握著。

• • •

諾亞與伊恩住在教會區一棟房子的二樓，那裡本來是消防局。這條街有一個街區那麼長，像是狄更斯小說中的場景那樣，夾在兩條主要道路之間，彷如這座城市的社會經濟裂痕。街道的一頭，是座落在教會區與十六街，群聚著通勤人士、玫瑰花小販、遊民、毒癮者、妓女、鴿子與眼神溫和的酒鬼的一座混亂廣場，廣場通向一條熙熙攘攘的大道，這條大道上有甜甜圈店、墨西哥麵包店、魚市、五旬節派教會、一元商店、塞滿小盒子的小店、傳出陣陣香腸與洋蔥味的行動餐車、香菸店、不起眼的餐廳，以及掛著手繪招牌的美髮店。街道的另一頭是瓦倫西亞街（Valencia Street），那裡正上演著晚期的士紳化：有銷售防彈咖啡的精品咖啡店、販售薑黃飲料的果汁吧，還有纖細瘦弱的澳洲人從極簡精品店裡拎著名牌紙袋走出來。

伊恩的公寓舒適而溫馨，隨處可見奇怪的物品：一架豎式鋼琴，琴槌露在外面；一個沒有頭的人體模型，上頭有手繪的象形文字；浴室的浴缸邊緣，排著一小列融化一半的安息日蠟燭。第三個室友是住院醫生，上班時間很長，偶爾才看到他煮一大鍋燕麥粥，或在客廳主持男人聚會。那裡看起來像室友會共用毛巾、宣稱自己聞到的東西最不像黴味的地方。事實也的確如此，我喜歡待在那裡。

那年秋天，諾亞嘗試更大形式的集體生活，所以把他的房間轉租出去，以便在柏克萊建立一個共活公社。上班午休時間，他嚴肅地談到家務表、同步日曆、菜圃、家庭會議等等。他的臥室是由工具棚違法改建而成，他弟弟在他的臥室外面種植蘑菇。我不必擔心在教會區那間公寓裡，會在半裸著身子時遇到可能也半裸的他，進而打破工作與生活之間已經受到侵蝕的界線。這讓我鬆了一口氣。

伊恩臥室的牆壁漆成醒目的天藍色，但他是色盲，所以無感；他沒有羽絨被，也沒有床架，而我恰好喜歡睡在離地面近一點的地方。房間裡有一些透露出心理狀態的小東西，例如橡樹的樹枝、卡式錄音帶、明信片、一個裝滿電子元件的工具箱。早上，我們會躺在床上，看著光線在牆上移動。我躺在比桌子、床頭櫃、書櫃低的地方時，感覺好像躺在水中。我們會一直賴到最後一分鐘，才起床梳洗更衣，戴上安全帽，把單車牽下樓梯，在公寓門口分道揚鑣，小心翼翼地繞過地上的碎玻璃。

• • •

伊恩是在波特雷羅山（Potrero Hill）的一家小型機器人工作室上班，工作室位於一座大型倉庫中，裡面隨處可見機床、加工實驗、道具與攝影棚。兩名員工在旁邊的房間裡，經營小型的釀酒廠。在主要空間中，有真人大小的機械手臂，它們通常用在裝配線上。伊恩與一個小團隊為那些機器手臂編寫程式，以便為電影和廣告執行拍攝工作。那些電影拍得很美，逼真又流暢。

那年早些時候，搜尋引擎巨擘收購了這家工作室，並致贈一套價值三十萬美元的喇叭，給工作室其中一個創辦人作為歡迎禮。搬家用的電動拖板送達工作室時，伊恩和同事知道收購案已經談定了。當時，搜尋引擎巨擘花了數十億美元瘋狂採購其他公司，這家工作室只是其一。前者之所以到處收購這種工作室，是為了成立新的機器人部門，那個部門是以一九八〇年代科幻電影中的一個機器人命名。因收購案而加入的數百名工程師與發明家，將負責打造自主、精簡、實體的未來。

對一些人來說，被搜尋引擎巨擘收購是在矽谷發展的終局，是美夢成真。伊恩雖覺得很幸運，卻也對這種轉變感到矛盾。他之所以從未到大型科技公司求職，正是因為他偏好小規模的公司。在他以前所屬的小型組織中，藝術家、架構師、設計師和電影製作人比工程師來得多，他很喜歡自己身為其中一員的感覺。

不過，他依然感到興奮。這家搜尋引擎巨擘收購了好幾家卓越的機器人公司。「我覺得我們有機會參與一個會在這領域中真正留下印記的專案。」某晚，我們在我的廚房做飯時，他這麼說：「感覺我們將會在某個真正重大的領域中，占有一席之地。」

多重大呢？我想知道。當時市場上有傳言提及他們的機器人部門正在做什麼，但公司禁止員工談論自家專案，因此伊恩不願證實我的臆測。他是在研究自駕車嗎？我有很多疑問。他們在研發搜救機器人嗎？還是送貨的無人機？太空梭嗎？再過多久我們就能看到仿真機器人？我們其他人該不該害怕呢？

伊恩皺著眉頭說：「每個人都這樣問我。不必害怕，真的。」我請他再多說一點。在一個連酒吧、咖啡館、派對都是商業機密的城市裡，這是本地特有的關鍵測試。但即使我們喝得酩酊大醉或在浴室裡嬉鬧，伊恩對公司的機密依然守口如瓶。他是很容易信賴的對象。

・・・

深秋的時候，伊恩帶我參加了一場派對，地點在柏克萊一棟覆滿常春藤的磚砌倉庫裡，那是一家祕密硬體新創企業的辦公室。現場有一群穿著舒適鞋子與刷毛背心的年輕專業人士，無人機在他們的頭頂上嗡嗡作響，一個孩子在大家的腳邊奔跑。我穿著一件出版時代的絲質上衣出席，一到那裡便覺得自己穿得太正式了。

我們逛了一圈後，伊恩和一名同事去看一個自組型模組家具的原型生產線，把我和六個機器人專家留在一起。我啜飲著啤酒，等著別人注意到我，但那些男人自顧自地用祕密代號討論工作專案。他們討論研究所時期的研究，其中一人花了七年，試圖教機器人像童子軍那樣打不同的結。我問他是不是在灣區某所大學學習機器人技術，他上下打量我後回答：「不是。」——他是教授。

接著，話題轉向自駕車。其中一名工程師提到最近的「帶小孩上班日」（Take Your Child to Work Day），自駕車部門要求來訪的孩子，在自駕車感應器的前面蹦蹦跳跳。那項技術是世界級的，但依然需要訓練軟體，讓它學習因應非成人。他說，現在是交通運輸領域令人興奮的一刻：他們面臨的障礙不是技術障礙，而是文化障礙。最大的障礙是大眾輿論。

我大聲問道，自駕車究竟有多可信。我已經喝完啤酒，覺得很無聊，想引起注意，不想繼續當隱形人。我希望大家知道，我不只是某個工程師的女友，在派對上站在那裡等他搞定技術玩意兒而已——雖然那確實是我當時正在做的事。

我對他們說，我很懷疑，媒體的大肆宣傳似乎太誇張了：媒體把自駕車視為未來願景的一部分，但那個願景不僅不可能實現，還超乎想像。剛剛他們不是才提到，那些車子甚至還不知道怎麼辨識孩童嗎？那群人轉向我，那個訓練機器人打結的教授露出好奇的表情。

「你說你是做什麼的？」其中一人問道。我說我在一家行動分析公司上班，暗地希望他們以為我是工程師。「啊，」他熱情地說，「你在那兒做什麼呢？」我說，做客服。那群男人互相瞥了一眼，教授說：「別擔心。」便轉過身去，面向其他人。

搭電車回家的路上，我擠在一個布面座椅上，座位散發著微微的麝香與尿騷味。我靠向伊恩，跟他講了剛剛發生的事。我說，他們未免性別歧視得太肆無忌憚了，他們怎麼可以那樣輕視我，就只因為我是女的——就只是因為我做客服，不算技術人員。他們的生命又沒有比我高貴，他們的意見也沒有比我的更有說服力。

伊恩感到尷尬，把我摟得更近。「我講的話可能不中聽，」他說，「但你剛剛是吐嘈世界上第一批製造自駕車的工程師，貶低他們的創作。」

十二 炒魷魚

某晚，我們一群人熬夜看了一部科幻電影，內容描述一群駭客發現社會是一個模擬的現實。那是執行長最愛的電影，他曾說，那是他第一次看到駭客出現在流行文化中。我們都聽過執行長熱情地講述他十幾歲時惡搞的一些事情。他說，駭入多人遊戲中對線上的對手惡作劇，那感覺很自由。諾亞覺得很佩服，但我覺得那聽起來很正常，就像一個住在荒涼郊區、有家用電腦的無聊孩子會做的事。那部電影是他十一歲那年上映的。

是我提出要播放那部電影的，我一直想成為每個人的女友、姊姊、媽媽。最近一次打考績時，客服經理評論，我太喜歡討好別人了。我討厭他那樣說，因為那是事實。

我們聚在辦公室中央的沙發上，圍坐在一台平面電視前。那台電視接上一台筆電，大部分時間，工程師會把一些內容輸入那台筆電，默默地串流播放自然紀錄片，以及陌生人打電玩的紀錄。這時大家開始傳啤酒。執行長坐著，開著筆電，一邊工作一邊看電影。

電影明顯改編自柏拉圖的洞穴寓言（Plato's Cave），至少網路上是這麼說的——我從未讀過柏拉圖。那也是技術自由主義的美妙寓言，可能也是迷幻藥的寓言。不難看出這部電影為何如此熱門。正統的說法是，那些駭客獲得了未經同意的監視力。我知道，鳥瞰社會在一個系統中流動的橫截面，會令人非常興奮——你可以看到完整的地圖、交通、從螢幕傾瀉而出的種種資料。那部電影不僅讓駭客看起來很誘人，也美化了欺騙，美化了這些放逐者對真理的追尋、美化了這些局外人的優越感與無所不知。

我望向執行長。這個人是怎麼變成我老闆的？他只是個孩子。我知道他是第一代美國人，是印度移民的孩子。他經常提到父母希望他完成大學學業。我很想知道，他怎麼看那些在工作中尋求肯定與意義的文組員工，他是不是覺得我被寵壞了、很煩？我不知道他是否關心員工，不知道我能否理解他的利害關係，甚至不知道他想要什麼。

我希望看這部電影是值得的。銀幕上，兩名男子打扮得像校園槍手那樣，在一個反烏托邦的宇宙中叱嗟風雲。我們的臉在燈光下顯得柔和，沒什麼生氣。

• • •

在罕見的賤嘴時刻，客服團隊的人開玩笑說，執行長利用這家公司來打造自己的社群。他在這個辦公室裡，塞滿了跟他年齡相仿、擅長社交又帥氣的男子。他們認為，他對高中時代的遺憾仍耿耿於懷（其實沒人聽過執行長談高中經歷）。據我們所知，他原本可以當畢業舞會的舞王。

儘管我們使出渾身解數，但終究不是執行長的朋友，只是他的下屬。他在私下會議中否定我們的想法，貶低我們；喜歡拿責任與威望來誘惑我們，卻又莫名其妙地收回。他會肆無忌憚地冷落員工，喜歡事必躬親，容易懷恨在心，使我們覺得自己無足輕重、不中用。我們常告訴他客戶的意見，像小狗叼網球給主人那樣，但他常對我們不理不睬。

部門中有幾名同事的伴侶已經對他們下了最後通牒，要他們在家時別老是提起執行長。為他工作需要付出很大的代價：我至少有三個同事每週都去找治療師，諮詢他們與執行長的關係。不用說，執行長一點也不在乎他與這些人的關係。

有些同事猜測，執行長的夢想是讓公司完全自助化。一名銷售工程師說：「我敢打賭，他寧願有成千上萬個月付一百五十美元的客戶，也不想跟一個月付一百萬美元的客戶打交道。百萬美元的客戶雖然重要，但如果有這種客戶，是你得聽他的。」

客服團隊的人跟我一樣，只想獲得執行長關注。執行長的笑容很有魅力，但我們很少看到。能逗他笑，突破那冷漠的外表，令人興奮。我們看過他開心的樣子，知道他有一些好朋友，其中有不少人是他在新創加速器裡認識的創業者。我們都去過他的公寓屋頂，慶祝公司創立五週年。在那場派對上，他餵共同創辦人吃蛋糕，共同創辦人也餵他吃蛋糕。我們都對他的心理非常好奇，想搞清楚他是什麼樣的人。

「真要我猜的話，」某晚一名銷售工程師喝酒時說，「他小時候，大家可能對他不太好。要是我，我也不會對他好。他從來沒有歸屬感，所以不信任任何人的動機，死命捍衛他能獲得的任何權威。」

「我覺得他不喜歡看到大家受苦，」一名客戶經理說，「但他知道，讓人受苦可以提高生產力。」

「你可以去查一種病，」諾亞說，「去查『創傷羈絆』（trauma bonding）〔28〕。那是一種令人毛骨悚然的情況：就是讓人忙得不可開交，直到忘記生活中其他已荒廢的部分。」

我們都知道執行長有自己的心魔。他必須像其他人一樣，充滿痛苦與恐懼。他動不動就會提到「被害妄想症」，但不用說，他自己也多少有點被害妄想症——他怎麼可能沒有？他可能每天都提心吊膽，擔心噩耗將至，害怕他再也無法點石成金。

我實在不想把執行長想成自大自私或懷恨在心的人。我喜歡他，他身上有一種熟悉的特質，令人放心。他讓我想起以前讀曼哈頓數理重點高中的男同學：他們的數學

28　譯註：創傷羈絆是指受害者不但不離開加害者，還對加害者懷有又愛又恨或愛恨難明的矛盾情感。

很好，但不擅社交；他們受到鼓勵，但遭到低估；而且他們幾乎都承受著難以置信的壓力。我喜歡他對技術充滿熱情，他熟悉事物怎麼運作。我相信他不是為了賺錢，而只是想開發大家都重視的東西，解決新問題，把它做對。我認為他有他的理由，想要證明某件事。每一份客戶提出的技術支援要求，都會密件副本寄到一個不知屬於誰的電郵地址。客服經理透露，那是執行長母親的信箱。

總之，我一向很欣賞那些努力掙得他人讚譽與愛戴的人。我以為執行長沉默寡言是因為他言出必行，也以為每個人都竭盡所能做事。當時，我完全沒想到權力、操弄或控制。

我一心只想保護執行長——或者，至少保護我對他的看法。有很長一段時間，我對那些我認為沒有機會像我這樣揮灑青春的人，充滿了同情。他從來沒有機會搞砸。從二十歲開始，他就一直承受著來自創投業者、記者、業界同儕的壓力，以及一定程度的監視。我和朋友喝著一瓶三美元的梅洛酒，醉醺醺地去聽演唱會，共享丁香菸，去看尬詩擂台的那個年紀，他卻在擔心公司人數，鑽研單位經濟效益。我在探索性愛時，他正在比較健保供應商、進行安檢。如今，二十五歲的他負責其他成人的生計。有些同事已經成家，雖然他們上班時不太談論孩子，但他們畢竟有家累。執行長肯定感到責任重大。

我過了好一陣子才明白，執行長的世界有多麼小、多麼精英。他周圍都是叱吒風雲的成功人士，都是看好他而刻意接近他、有心把他推上霸主地位的有力人物，他們個個都不喜歡認輸。執行長隸屬商業社群，那個社群會照顧他。他一點也沒有安危的問題。即使公司倒了，他還是可以輕易募資，創立另一家公司；或者，最壞的情況下，他可以自己做創投。他跟我們其他人不一樣，永遠不可能落入萬劫不復的境地。

執行長的家人來訪時，他會迅速帶他們參觀辦公室。他回到座位回電郵時，我說，你的父母一定為你感到相當自豪。我知道他不太喜歡那種感性說法，我知道我太嫩了，但還是忍不住那樣說——我對他深感同情。我為他感到驕傲——雖然我從未對任何人透露這件事。

執行長只是聳聳肩說：「也許吧。」

•••

諾亞已經加入這家公司一年了，準備好接受年度考績評估。他在接受評估以前，把自我評估與一份他寫的備忘錄寄給我，請我給點意見。諾亞是受到大家敬重的公司元老，因此常收到同事與客戶的抱怨與擔憂。在備忘錄中，這些想法已累積到顛峰：他極力鼓吹改革產品與公司文化。

他也為自己發聲：他要求改變頭銜、給他更多自主權、加薪、增加認股權。他覺得目前的認股權與他的貢獻不成比例，他想獲得約公司一％的股份。他提出資料佐證，這些資料包括：他推薦的員工數量，他（與他推薦的員工）招攬的客戶數量，他為公司帶來的直接和間接收入。他想成為產品經理，管理自己的團隊，並在相關決策上擁有凌駕執行長的權力。他把那份備忘錄寫成了最後通牒。

給執行長下最後通牒不僅不專業，也很瘋狂，就算是公司最優秀的員工也一樣。但是話說回來，這是一家老闆二十幾歲、全體員工也二十幾歲的公司。執行長沒做過全職工作，只做過一次暑期實習。在這種工作環境中發出最後通牒，似乎還可以接受。挑這種地方學習成為專業人士，是非常奇怪的。

那份備忘錄寫得慷慨激昂，洋溢著不滿。我仔細讀了兩次後，寫信告訴諾亞我的真實想法：我覺得那樣做有風險，但也不是不合理。我希望高層能答應他的要求。

• • •

幾天後，來上班的路上，我收到諾亞的簡訊，說他被解雇了。我抵達辦公室時，感覺好像踏進了殯儀館。「他們連跟他協商都沒有，一次也沒有。」一名銷售工程師難以置信地說：「他們就這樣解雇了最優秀的員工，只因為這裡沒有人有任何管理經驗。」

業務經理一邊在吐司上塗奶油，一邊說：「我不知道欸。你知道嗎，你想跟人分手時，會一再扭曲自己，直到對方主動跟你分手嗎？」我不知道。我只想到我給諾亞的意見，現在滿心內疚。

以前公司解雇員工時，會發信給全體員工，詳細說明那個人遭到解雇的原因（內容可能詳細到有點不妥）。但這次客服團隊的早期成員沒有收到電郵，執行長臨時為我們召開了一場會議。任何人都不該知道別人的人事問題，但公司沒有人力資源部，況且我們也想知道究竟是怎麼回事，也擔心自己會不會是下一個對象。

執行長叫我們坐下來，我們坐了下來。他站在會議室的前面，雙臂交叉。「如果你不同意我解雇他，我請你也提交辭呈。」他講得很慢，彷彿排練過似的。他環顧桌邊的人，逐一對我們每個人講話。

「你不同意我的決定嗎？」他問客戶經理。

「沒有。」客戶經理說，舉起手掌，彷彿有人拿著槍指著他。

「你不同意我的決定嗎？」執行長問銷售工程師。

「沒有。」銷售工程師說。他的眼皮跳動，看起來氣色不好。

「你不同意我的決定嗎？」執行長問我。我說，沒有。但我確實不同意，顯然，我不同意。每當我懷疑自己進入科技業是否做錯了決定，諾亞都會讓我平靜下來。整個公司充斥著不滿的情緒，這是事實——但我經常環顧四週，看到諾亞，然後心想：如果他還在這裡，情況就不是那麼糟。

會議結束後，我們強忍著不安。我們開玩笑說，現在的就業市場對我們有利，最好趁這家公司在履歷上看起來還不錯時，趕快離開。我們回覆客戶電郵時，換了一種新想法，抱著抽離的感覺，彷彿那不干我們的事。

那天晚上，有些人下班後去了酒吧。我們懷疑自己的飯碗是否穩固，抱怨官僚體系的雙重打擊，怪罪障礙及糟糕的產品決策。我們談論公司上市（IPO）時，彷彿把它當成從天而降的救星——好像那是必然的，彷彿認股權能把我們從地獄中解救出來似的。實際上，我們都知道，公司真打算上市的話，還要等好幾年。我們心知肚明，金錢只是安慰劑，不是萬靈丹。

我們開始意識到，一直以來，我們盲目地相信公司，如今終於醒悟。我們很幸運，也受到迷惑，在不知不覺中變成了官僚，敲打著鍵盤，幫其他人（某些小伙子）變得富得流油。也許我們從來不是一家人，我們知道我們從來就不是一家人。也許執行長**真的**只是為了賺錢而創立這家公司。不，部門的同事說，他是為了權力。權力似乎是正確答案，我們都認同這點。

我們把焦點放在持續抱持希望上，安慰自己這只是一個階段，每個新創企業都會經歷成長的痛苦。我們一邊抽菸一邊討論，問題是我們真的在乎。我們太在意了，我們關心彼此，甚至關心執行長，但他讓我們感覺很糟。我們希望他能過好日子，就像我們希望自己能過好日子一樣：我們希望他有機會體驗混亂、魯莽、矛盾的二十幾歲青春，卻沒料到他自己可能不想過那樣的生活──他跟我們不一樣，不羨慕我們，也不在乎。

最終，我們喝得酩酊大醉，改變了話題，回憶起更私密的自己：週末時的我們、多年來的我們。我們談到，我們曾想像自己這個階段是什麼樣子：更穩定，更不焦慮，更能掌控局面，我們也想要權力。

我們把菸蒂扔在人行道上，用腳尖碾碎，接著打開手機叫車，看著螢幕上的汽車圖示接近，大口飲盡剩餘的啤酒。我們做鳥獸散，各自回家去嚇熟睡的室友與情人，睡前再回覆一兩封電郵。

八小時後，我們回到辦公室上班，一邊大口喝著咖啡，一邊去拿焗烤起司三明治。調整平庸的程式碼，寫一些不太真誠的電郵，不時與對面的同事交換疲憊及會意的眼神。

十三　掃興的女權主義者

身為非技術團隊中的唯一女性，為軟體開發人員提供客服，就像為內化的厭女症提供沉浸療法。我喜歡男人——我有兄長，有男友，但這裡到處是男人：顧客、同事、老闆、老闆的老闆，都是男人。我總是在幫他們善後，躡手躡腳地繞過他們的虛榮心，幫他們加油打氣。肯定、閃躲、傾訴、合作，支持他們追求職涯發展，幫他們訂披薩。我向來以女權主義者自居，但是出於專業要求，工作時我得不斷順從男性自尊。

有時女性同仁會一起到附近一家酒吧喝酒解悶，那裡有假壁爐與一盤盤冒著熱氣的熟食。我喜歡這類活動，即使它們帶有一種責無旁貸的性質——比較不是相互支援的關係，而是彼此認同。其他女性都很精明、有抱負，也有點古怪。一位新來的客戶經理是站在跑步機辦公桌上工作，每天下午會帶大家做一系列仰臥起坐與伏地挺身，以消除倦怠，刺激腦內啡流動。據我所知，她也是詩人，這點令我興奮不已。我們本來應該能相處得更好，可惜我們的業餘嗜好不僅格格不入，硬把我們湊在一起還有點痛苦。就像一套衣服，早上穿搭在身上很時髦，但到了黃昏就顯得荒謬古怪。

我常想，我們的公關總監做著什麼樣的工作。她約莫三十五歲，是投資金主推薦她加入我們的。她遠比公司裡的任何人經驗豐富，而且非常專業，從不八卦或抱怨。她每天下午五點就下班去接小孩，我猜想，她可能因此發展受限：行銷與傳播並未隨著公司的發展而成長，而且她是一人團隊，沒有幕僚。她的孩子為執行長畫了一張畫像，執行長把它釘在辦公桌旁邊的軟木板上。

每個在男性主導的辦公室裡工作的女性，都有獨到的應對策略。有些人把它視為教育及修正軌道的機會；有些人遇到不加掩飾的性別歧視時，喜歡反擊並羞辱回去；有些人喜歡在職場上搞曖昧，玩政治角力。一位朋友告訴我，她常嘲諷她的執行長老二很大，那是她跟他上床後發現的，她建議：「善用性魅力來搞定他們。」

就算我有性魅力，也不想在辦公室裡發揮。我只想在辦公室裡生存，但有個小例外：每次我們一起出去喝酒，客戶經理總是在晚上快結束時轉向我，要我賞他一巴掌。我知道這舉動可能帶給他一些性滿足，但我覺得無所謂，只覺得很抒壓。他又不是要我往他的嘴裡吐口水。

我希望部門的男性覺得我很聰明，能夠掌控局面，永遠不要想像我裸體的樣子。我希望他們平等地看待我——我比較在意別人是否接納我，而不是我對男人是否有性魅力。我想竭盡所能地，避免成為掃興的女權主義者。

• • •

工程團隊直接從一家頂尖名校的大學部，招募了一個後端開發工程師，她也是這裡的第一位女性工程師。她第一天來上班時，自信地走進辦公室，充滿活力與熱情，拎著一個裝不下筆電的皮包。我很欣賞這點：利用配件來設定預期。

工程部指派一名資深同仁帶她四處認識大家。他們朝我們這個角落走過來時，客戶經理靠了過來，在我耳邊悄悄說話，彷彿我們是五歲小孩在串通什麼似的。他說：「大家都會去搭訕她，她有得忙了。」我的脖子能感受到他呼出的熱氣。

• • •

我是掃興的女權主義者，對很多議題都很在意，偏偏我每戰必敗。我要求同事別在公司的聊天室裡使用bitch（婊子）這類字眼；我常抱怨這家五十人的公司只有六個女性；我質問，在開放式辦公室裡鉅細靡遺地討論透過app搞3P，是否不恰當；我不再穿洋裝，以免一位人力招募經理老是對我的腿提出奇怪又令人不安的讚美，彷彿把我當成家具看待，像一張沒大腦的椅子，一張桌腿勻稱的桌子。性別歧視、厭女症、物化女性並非職場的明顯特色，卻像壁紙或空氣一樣，無處不在。

客戶管理團隊來了個新人，他常講一些晦澀難懂的術語，開了許多社群媒體的帳號，每個帳號都有數千個追隨者，舉手投足跟網紅沒兩樣。他經常改變在求職網站上的職銜，幫自己晉升到不存在的職位。他有點不情願地告訴我們，他的年紀是四十出頭。他說，這個產業有嚴重的年齡歧視，本地的整形外科賺翻了。

他帶著一台踏板車進辦公室，在辦公室裡騎來騎去，對著無線耳機大談成長駭客，烙一些術語，諸如**價值主張**、**首動優勢**、**主動技術**、**平行化**、**頂尖方案**、**終極目標**等等。在我聽來，那跟垃圾話沒什麼兩樣，但客戶就是喜歡他，我不敢相信這樣隨便亂扯竟然有效。

某天下午，他滑到我的辦公桌旁邊，對我說：「我喜歡和猶太女人約會，你很性感。」我不解，他怎麼知道我是猶太裔。但他當然知道我是猶太裔：大大的鷹鉤鼻、像卡通般的骨碌碌大眼，睫毛長到會刷到眼鏡鏡片，還有德裔猶太人特有的豐滿身材與大骨架。我納悶，他希望我回應什麼？難道是「謝謝」嗎？我咕噥道，猶太人真的很重視教育。

某次，客服經理找我到公司外面做一對一的考績評估，我們行經一家散發出人工麵包香氣的三明治店，我向客服經理提起那件事。我說，我無意讓任何人惹上麻煩，那個網紅業務員的說法也不是那麼討厭，但我不得不在上班時想到那個業務員的性傾向，而我實在不希望在上班時想這種事。

我連提起這件事都感到內疚。畢竟，客服經理也不希望在上班時間想到底下員工的性傾向。我們轉進一個有野獸派噴泉的企業園區。我腦中突然浮現一個短暫的幻想，想像自己走進那個噴水池，然後漂走。我想起之前客服經理曾對我說，公司想留住我，當時我竟然回答：「謝謝，我很希望留下來。」我想起他曾經評論我，說我太喜歡討好人了。我也希望改進那種個性，但不知道該怎麼做。

客服經理似乎覺得有些尷尬，他盯著人行道說：「很遺憾發生了那種事，但你知道他那個人啊，他就是那副德性。」

十四　這工作，喝醉了也做得來

耶誕節的時候，公司在附近租下那家以報紙為主題的酒吧。派對訂在下午四點，我們帶著派對禮服來上班，在辦公室的化妝間裡打扮，像中學生準備在體育館內跳舞一樣。大家既興奮又疲累，準備好好慶祝一番。

我已經和一些女性討論過穿著得體的底線在哪裡，雖然其他人穿得很正常，我決定走保守路線，穿了一件黑色有領的洋裝、黑色褲襪、黑色靴子，隱約覺得自己好像做了挑釁意味濃厚的萬聖節變裝：性感的門諾派教徒；挑逗的猶太教儀式派。一名新來的客戶經理同情我，幫我把頭髮弄捲。我從鏡子裡看著她在我的頭上噴了一圈髮膠，以固定捲度。

同事穿上正式禮服，令我看得眼花撩亂，幾乎認不出來。我見過多數同事的另一半，但有些人的伴侶依然成謎。我很高興看到那名熱衷運動的客戶經理，靠在一位穿著五趾運動鞋的男人懷中。

執行長與共同創辦人拿著雞尾酒，站在舞台上敞開的天鵝絨簾幔之間發表談話。

他們提到公司已有長足的發展，並舉杯說：「特別感謝各位的伴侶與配偶。」在場的同仁伴侶與配偶特地提早離開工作崗位，前來參加派對，他們禮貌地拍手，輕輕地親吻伴侶的臉頰。我很高興伊恩遲到了。

我們前往一家米其林星級餐廳，當晚公司將它整個包下了。穿著黑色西裝的服務員默默為我們端上黃金蟹、香煎鱸魚、和牛、龍蝦酥皮濃湯，還有幾瓶葡萄酒。酒吧是開放的，大家在照相亭中與伴侶卿卿我我，卻不知道那些照片都是數位的——翌日早晨都會傳送給營運經理。洗手間裡出現能量飲料與古柯鹼的殘跡。我們面對著餐廳的玻璃窗跳舞，餐巾隨手扔在桌上，鞋子也脫掉了，並避免與服務生目光相接。

大家陸續到人行道上抽菸，我暫停跳舞，休息一下，發現伊恩獨自坐在那裡品嘗甜點。「這是我這輩子吃過最難忘的大餐之一。」他一邊說，一邊以湯匙刮過盤子的邊緣。服務生把甜點小心地放在每組餐具的前面，但都沒有人享用。我很感謝伊恩，也感到慚愧。我很容易陷入一種自鳴得意的歸屬感中，我忙著吃吃喝喝，展現自我，卻沒有好好享用食物的美味。

• • •

隨著冬季來臨，應該要下雨了。後來，雨終於下了，只是下得不多。公司裡的人都很期待下場傾盆大雨，即使這座城市在惡劣的天候下已陷入癱瘓：公共運輸工具減速或完全停駛，市民的行為彷彿在度假，要不是睡懶覺上班遲到，就是直接從家裡簽到上班。有人站在廚房裡，等球鞋晾乾時，會隨口抱怨幾句交通狀況，或搭公車要花多久時間。其他人免不了在承認全球暖化與全州乾旱之餘，繼續主張：「但我們確實需要雨，需要雨，需要雨。」

其實我暗中期待乾旱繼續下去。舊金山下雨的話，那表示太浩湖已經下雪了，也就表示年度滑雪旅行即將開始。雖然我很喜歡多數同事，但不是很愛跟他們共度週末，遑論跟管理高層一起出去度假了。那感覺比較像是負擔，而不是福利：與公司同仁一起出遊，很容易為職場關係導入令人不安的新動態。我一點也不想知道每個人醒來的時候是什麼樣子，也不想聽到工程經理在浴室裡發出咕噥聲。我不想聽活力充沛的同事一直開同樣的玩笑，說他不是晨型人。我也不是晨型人，我想像自己在斜坡上跌倒，需要別人攙扶起來，或卡在滑雪纜車上，一邊流鼻涕一邊閒聊。這種場合有太多空間可以流露脆弱與隱私。

然而，我們似乎別無選擇。對此，我也感到不滿：如果不參加這種公司旅遊，就不夠「戮力從公」。這感覺像強制性的假期，強制性的娛樂。雖然這是一種獎勵，一種福利，但公司旅遊是排在為期三天的週末假期，很多人覺得那是私人的休息時間。

早上七點，我們在辦公室集合，手上拿著杯裝咖啡與冬季大衣。營運經理分發滑雪纜車券與滑雪板租用券，並宣布座車安排。車子是員工自願開來的，但管理高層想鼓勵大家搭別人的車，多多交流。我們堅持坐自己想坐的位置，我們出遊就是為了交流，所以一定會交流，這次旅行是自由的。

車隊很快就散開了，我們這一車在商店街暫停下來，買了培根、雞蛋、麵包、數袋波狀薯片、三十箱淡啤酒和幾支烈酒。除了最後一晚的晚餐，大部分的時間我們還是獨立行動。最後一晚的晚餐是為了緬懷公司草創時期的艱辛，執行長與共同創辦人將親自為全體員工烹煮義大利麵，烤大蒜麵包，就像公司剛創立時的克難期那樣。我們推著購物車在超市走道上穿梭，把甜滋滋的穀物麥片和蛋白能量棒扔進車內，我明顯感受到我好像在跟別人的家人一起度假。

公司在南太浩湖區的一個度假勝地，預訂了一排公寓。這些鄉村風格的公寓舒適普通，使用木質的護牆板，地毯始終潮濕未乾，銀質餐具不成套，還有各式各樣開朗的美國風格。然而，儘管這裡洋溢著溫馨的家庭氣氛，我們卻缺乏親友一起度假的自在感。住房安排是預先分配好的，沒有徵求員工的意見。我有一些感情比較好的同事，但基本上對公司的住房安排無感，只有一個人是我不希望和他同住的：幾週前，我和客服團隊的一名男士在下班喝酒到深夜後，一起叫車回同一社區。搭車時，他的手從我的襯衫後面往上滑。我推開他時，他的手滑到我的褲子腰帶上。我繼續和他談話，推開他的手，把身體滑向靠窗的位置。後來，我們再也沒談過那件事，我也沒提起——因為沒有什麼事情或任何人可以訴說。我把他當成朋友。不過，看到度假屋的臥室門可以上鎖時，我還是很高興。

第一晚，我和前端開發工程師凱爾一起在當地漫步，他是諾亞推薦進來的，身型瘦高，個性謙虛，才華橫溢，據傳曾是某家遊戲公司的早期員工，那家公司製作超熱門的農場模擬遊戲，他因此發了一筆橫財。凱爾是我見過最平靜的人，我覺得光是和他在一起，就能延長壽命。他閒暇時，自己設計精美的太空電玩，那不是為了爆紅而設計的遊戲。在辦公室裡，我們互相惡作劇，在便利貼上交流一些謎樣的漫畫，在公司的聊天室裡玩文字接龍遊戲。我們也一起騎車上下班，我知道其他同事覺得我們很煩，但我不在乎。在公司裡有個好友的感覺真好，那是自在與快樂的泉源。

我們抽了一點大麻菸，跳著石頭，走在海灘上，凝視附近某個度假屋的窗戶。我們經過溫泉池，那裡的業務員以塑膠杯子喝水。我聽到客服經理問了「博士」一些刺青的問題，博士的胸前與手臂上布滿了刺青。看著他們的互動，我知道博士有多熱衷我在客服團隊的領導職位，儘管那職位可能微不足道。我知道他會得到他想要的。

下午，我們聚在其中一間度假公寓裡喝酒。幾名客戶經理忙著準備培根卷，音響播放著電子舞曲。後來，大家開始在沙發上起舞，在房間裡跳來跳去，並拉下懸掛在屋樑上的國旗。我和客服經理一起坐在長桌邊，他帶了好幾副桌遊來，正和博士沉浸在激烈的拼字遊戲中。

執行長走進來，宣布他要改變計畫：為了給客服團隊多一些閒暇的時間，他指派工程師做我們的工作。我們花了一個早上開車前來這裡，在山中待了一天，需要處理的客服問題已經排了好幾個小時。大部分的人已經開始喝酒了，有些人整個下午喝個不停。雖然我們不確定現在究竟是「開派對時，順便工作」，還是「工作時，順便開派對」，當工程師努力向用戶解釋他們自己設計的產品時，度假公寓裡的氣氛挺祥和的。客服團隊的大男孩嘲笑那些疲於因應客戶問題的工程師，他們翻著白眼，靠向鍵盤去糾正他們的錯誤。當時，這種勞動分工是令人愉悅的休息時間，也是一種權力結構的逆轉。然而，後來我也意識到這件事的意涵：我們的工作簡單到任何人都能做，連喝醉了也能做。

十五　揭弊者

經商是男人談感覺的一種方式。網路上充斥著野心勃勃但缺乏專業經驗的男人，他們與彼此分享經驗及條列式的建議，諸如〈學校裡學不到的十大創業啟示〉、〈成功企業家都懂的十件事〉、〈保持謙虛的五種方法〉、〈為什麼市場穩贏不輸〉、〈為什麼顧客從來不是對的〉、〈如何因應失敗〉、〈如何以更好的方式失敗〉、〈如何從失敗中學習〉、〈如何息怒〉、〈如何處理情緒問題〉、〈如何把A／B測試套用在孩子身上〉、〈十八句貼在電腦上的老生常談〉、〈提高情感敏銳度〉、〈如何愛上不愛你的東西〉。

某天午餐時間，我晃進一家速食店，發現執行長獨自坐在那裡，一邊吃著素食漢堡，一邊看手機。我坐下來，他把薯條移到我面前。他說，他正在讀一位投資金主寫的書。我很熟悉那本書，它針對如何面對創業的驚濤駭浪，以及克服自我懷疑與外部壓力這兩大惡魔，提出一些建議。書中談到學習、戰鬥、歷程等等。每章都以一首饒舌歌曲的歌詞開場。創業確實很難。

執行長崇拜的人，似乎和這個生態系統中所有男性崇拜的對象一樣：創業家、投資金主；他們也相互崇拜。這些人之中的靈魂人物，是一家創業加速器的創辦人，他是英國的電腦科學家，是新創生態系統中最接近知識份子的人。他在部落格上發表大量格言，修辭風格冷靜、理性、不帶感情。他高談闊論智識萬宗歸一，喜歡把新創企業的創辦人和歷史名人相提並論，例如密爾頓、畢卡索、伽利略。我對他的商業洞見毫無疑慮，但我不明白的是，為什麼他似乎覺得，他有資格成為其他一切領域——萬事萬物——的專家。

我同情那些想從書中找到創業答案的人，多多少少也對執行長的創業心境感同身受：雖然他永遠不會承認，但他想必也深陷在創業困境中。儘管如此，我還是無法想像我把一位創投業者的人生視為模仿的典範，也無法想像我之所以讀一本書，只是因為某個素未謀面的投資金主推薦了它。當然，對執行長來說，他們不是沒什麼真材實料的名義領袖，他是真的認識他們。

執行長告訴我，那本書很棒。我沒有回他：如果你喜歡這本書，你會喜歡心理治療。我看了一下他的手機，螢幕顯示〈為解雇高管做準備〉那一章的第一頁。

他看到我的目光停在那裡，便對我說：「那是湊巧，別太在意，別當真。」他告訴我，解雇員工太可怕了，就像經歷棘手的分手，而且更加痛苦。我說，別擔心，那只是一本書而已。

無論如何，我也不會把它當真。事實上，執行長同時也是總裁兼董事長，產品部、工程部、客服部與行銷部都歸他管。公司裡真正算是高管的，就只有他。

• • •

諾亞和我在離辦公室幾個街區的蘇馬區碰面喝酒。酒吧裡散發著油炸鍋的味道，天花板上掛著一排摩托車。諾亞被解雇後，我就沒見過他了，我很擔心，萬一他責怪我怎麼辦？我們像久別的家人般彼此擁抱。

諾亞看起來比以前快樂，我鬆了一口氣。他的澳洲工作靴上沾了一些泥垢。他說，他睡得比較好了。他考慮開一家員工共有的貝果店（合作社是唯一道德的商業模式），也努力從日常用語中剔除app這個字眼。他糾正自己，應該講「應用程式」（application），而不是app。「縮寫掩飾了那其實是軟體。」那樣做是故意的、邪惡的，從技術最複雜的程式也有多彩多姿的卡通化設計即可見得。他語調輕鬆地說：「我們不是軟體！我們是你的朋友！」

我簡短描述公司的現況：成長很難，營收持續流入，太浩湖之旅很奇怪，大家都很想念他。我們詳細回顧了他遭到解雇的經過。他說，辦公室開始給人一種局促、密閉、空調無菌的感覺，他的職責一直沒變。「我心想，如果我要永遠做那份工作，我最好在五年內致富。」他說：「我想獲得報酬。我是第十三號員工，我想在那裡工作，我想努力工作，但我想確定我最後擁有公司不小的股份。」

這不是第一次、也不是最後一次提醒我，我在這家公司的股份微不足道。我簽下錄用書時，上面寫的認股權股數看似不少，但我不知道總股數有多少。如果公司被大企業收購，也許我可以賣股賺一萬美元。我不禁大口灌了一下啤酒。

諾亞停了一下，抬頭看了看單車，接著又把目光轉向我。「你可以說我的立場完全不合理，」他說：「你也可以說，我要求的是我需要的，只是遠比他們願意給的來得多。」

諾亞說，無論如何，至少開口講白了以後，他的良心更清明了。我問他，這話是什麼意思。

「拜託，」他說：「我們是在一家監控公司上班。」他提到那個國安局的揭弊者，最近由於有更多資訊被披露（近二十萬份檔案被公開），媒體又開始報導那個人了。整個監控機制比當初報導的規模更大、更複雜，矽谷也牽連很深。「我在公司上班時，沒想過這個問題，因為我們的產品非常商業導向。」諾亞說，「我不覺得那會造成社會問題。此外，我也不知道網路上賺的錢都是來自監控。」

我追問，他說的監控是指廣告技術嗎？我覺得數位廣告很煩，但從來不覺得那種東西特別惡毒——儘管我們的客戶很清楚，免費服務通常意味著用戶遭到某種程度的剝削。剝削用戶最直接的方法，自然是透過貪婪的資料收集。

「我覺得兩者在功能上沒什麼區別。」諾亞說：「我們讓資訊更方便收集，不知道誰會以什麼方式使用那些資訊。我們只知道，只要一張傳票下來，我們就可能因為與情報機構合作而上法院。如果新聞報導沒錯，那麼廣告技術與政府監控之間幾乎沒什麼區別。」

我不知道該怎麼回他，也不想糾正他。可能是因為短視近利與安全感，使我沒想到資料收集是我們這個時代的道德困境之一。儘管業界一直在談論擴大規模及改變世界，但我完全沒想到更廣泛的影響，我幾乎沒想過這個世界。

•••

我和友人帕克一起去聽交響樂，帕克是我在紐約認識的數位權利（digital-rights）〔29〕活動份子。他在一家致力追求數位公民自由（隱私、言論自由、合理使用）的非營利組織上班。該組織是一群懷抱網路自由主義的烏托邦技術專家於一九九〇年代創立

29 譯註：數位權利指個人合法使用電子儀器或溝通網路的權利，包括新興科技中內容的隱私權、言論自由等等。

的。某種意義上來說，它就像科技生態系統固守在過往歷史上的駐點。他們的辦公室裡充斥著積滿灰塵的伺服器，過時的電腦執行著老舊的開源軟體。帕克曾向我解釋，真正在乎技術的人，從來不使用新東西。他們信不過新東西的預設立場。

幾年前，我們斷斷續續隨性交往了一陣子。我們在一起時，通常是我聽他解說一些事情，接著他會為此道歉。「電郵的安全性跟明信片一樣糟。」我們在格林堡公園（Fort Greene Park）的小農市場上漫步，穿梭在一些家庭之間，他提醒我：「你預期郵差不會看明信片，但他可以看。」他教我加密貨幣與區塊鏈的前景、雙重認證的缺點、端到端加密為何必要，以及資料為什麼一定會洩露時，我都耐心聆聽。

那段戀情沒有持續很久，但後來我們開始透過不安全的電郵，聊了一些特殊的議題，例如一九八〇年代的介面設計、二進位碼、公共領域藝術等等。我們偶爾會見面，一起去參加一些純粹的傳統文化活動。

音樂廳的座位只坐了四分之一。燈光暗下來時，我暗自承諾，我會花更多時間與金錢，在舊金山這些比較傳統的文化機構上；我要在這個城市裡參與公民生活；我要擱下紐約州駕照，查一下這裡的市長是誰。

中場休息時間，我們喝了幾杯白酒，分食一袋糖果。帕克強調網路中立性受到侵蝕，他正投入一項活動以號召科技工作者響應，但迴響不如預期。我已經對網路中立性有一些了解，但還是讓他解釋給我聽，聽他解釋也算是一種懷舊吧。

他說，問題在於，科技業面臨的最重要問題，往往也最繁瑣。為網路中立性奮戰符合他們的利益，但創辦人與科技工作者不知道該如何動員組織，他們沒有耐心去遊說，也不覺得他們的工作有政治性。「他們都以為網路中立性會永遠持續下去。」

我們看到一對優雅的老夫婦從旁邊走過，他們穿著得體的晚禮服來聽演奏會。我覺得自己好像破壞了他們美好的夜晚，感到有點內疚。帕克說：「最糟的是科技愈來愈糟，變得更不安全、更不自主、更集中、監控得更嚴。每家科技公司都朝著錯誤的方向，推動這些發展軸心。」

我如鯁在喉。「嘿，」我說，停了一下。帕克看著我，他的下唇沾了一些糖粉。我問道：「你覺得我在一家監控公司上班嗎？」

「問得好，」他說：「我以為你永遠不會問呢。」

十六　不適任

這家新創企業日益壯大，我們開始銷售產品給科技界業內與業外企業，也對美國政府推銷，我們開始擔負責任。

公司正在成長，咖啡總是不夠喝。我們乖乖站在咖啡機旁，等著咖啡烹煮。營運經理在廚房裡裝了個監視器，並在公司聊天室裡發布各種截圖，揭露缺乏公德心的行為：有人把髒手直接伸進裝著椒鹽脆餅與薯片的容器中，有人從什錦零食中專挑巧克力來吃，有人把吃剩的牛奶與麥片倒入水槽。我不小心滑倒，把一碗穀物麥片潑灑出去，那段影片馬上被公司轉為GIF動畫。

辦公室裡擠滿了業務員，他們是打扮乾淨俐落、儀態優雅得體、穿著體面大方的社交動物。他們無法連上我們的VPN時，只會把頭髮向後撥，一笑置之。他們占用了會議室的所有時段，霸占擺放伺服器的小房間，在樓梯間裡接電話。辦公桌上隨處可見客戶送的贈品、貼紙、啤酒瓶套、隨身碟。據傳，他們的底薪是客服工程師薪資的兩倍多。他們偏愛現金，而不是認股權，所以不值得信任。

身為早期員工，我們處境堪慮。我們經歷過早期比較自主的營運階段，但那種營運模式無法長久延續。在公司訂定規則之前，我們就加入了。我們對事物的運作方式知道得太多，對原本的運作方式抱著懷舊之情。我們不想發展得比公司還快，但公司的發展已經超越了我們。我們都沒料到，成功會破壞這個地方給人的特別感受（感覺它是屬於我們的）。新員工只把這裡當成一份工作，跟其他工作沒兩樣。新員工根本不懂我們的想法。

「我們的文化正在消亡。」我們在公司的廚房裡一邊烤貝果，一邊嚴肅地交談，彷如世界末日的先知，「我們該對文化做些什麼呢？」

當然，改變的不只是業務員。業務員只是事情發展的結果，也是徵兆。我們的文化已經分裂好幾個月了。執行長一直使用「被害妄想症」這個詞。我們的主要金主資助了直接與我們競爭的對手。投資人本來就是哪裡有賺頭就往哪裡去，但這種事情發生在自己身上時，仍然很不是滋味：老爸還是愛我們，只是不像以前那麼愛。我們擔心這是一種自我蠶食，擔心我們幫公司招募的人才將來會取代我們。辦公室氣氛詭異，大有山雨欲來之勢。

不過，如此過了幾週，大致上平安無事。每週二下午緊急警報響起時（也是每週的全體會議時間），我們依然聽到對營收、投資者、公司估值有利的消息。顯然，這對我們來說也是好消息。

• • •

我的行事曆沒有顯示受邀參加這次會議，事前我也沒收到任何警訊。某個週五下午，我正收拾東西準備下班時，執行長把我叫進會議室。

他說：「我一開始覺得你是很棒的員工。」他把手心放在桌上，說話緩慢。「每天都工作到很晚，最後才離開辦公室。但現在我有點懷疑，對你來說，這份工作是不是打從一開始就太難了。」

他想知道：我是否戮力從公（DFTC）？如果沒有，那就應該知所進退，時候到了。我們可以心平氣和地解決這個問題。我凝視著放在會議室後方壁架上，那四個雕刻的金屬字母：D、F、T、C。

我告訴他，我當然有全力以赴，戮力從公。我避免自己在人體工學座椅上旋轉。我說，我很關心這家公司。我是說真的，當時我壓根兒沒想到為自己辯護，也沒想到應該告訴他我的工作品質沒變。我覺得我很擅長我的工作，那場會議有如當頭棒喝，嚇我一跳，但奏效了。

執行長說，如果我不想留在公司，他會親自幫我找一份新工作。但無論我想不想留下來，我都不再領導客服工程團隊了。「我認為你不善於分析，」他說，「我覺得我們的價值觀不一樣，我甚至不知道你的價值觀是什麼。」

我心想，我當然擅長分析。我也許不是系統思考者，但我可以解構到死。我曾以為我們有一些相同的價值觀，至少表面上是如此：我們都對公司階級不抱幻想，我們都比較喜歡弱者，我們都以女權主義者自居，我們都喜歡獲勝。

儘管我竭盡所能壓抑自己，依舊在那場會議中哭了兩次，中間還離開會議室，去洗手間抓面紙，躲避工程部關注的眼光。我靠在洗手槽上，拿紙巾擦臉，就像我在公司裡看到每個女性都曾做過的那樣。我想起紐約的朋友，想到我多麼努力工作，也想到我被告知我做得不好有多麼沮喪。我想到我的價值觀，結果哭得更厲害了。

我回到會議室，執行長耐心地在那裡等待。我回去時，他的表情絲毫沒變。

•
•
•

為了追尋更高的真理，我和伊恩開車到門多西諾縣去體驗迷幻藥。我們透過居家共享平台，在一對老夫婦的家中訂了一間客房。那對夫妻似乎整天都隔著巨大的客廳互相怒吼。我們租的客房能眺望整個山谷，山谷狀似充滿霧氣的池子，四周風景如水滴般流入谷底。

雖然我們兩人都不太熟悉怎麼用迷幻藥，但伊恩至少對那個流程有信心，我則是毫無信心。我坐在浴缸上，連上一個專門描述迷幻藥使用過程的網路論壇，瀏覽一頁又一頁的使用心得。我也查了一下最近醫院的位置。接著，我從手機上刪除工作的電郵帳號。這樣一來，我就不可能在人工挹注血清素時，聯絡執行長或任何我可能後悔接觸的人。

我們吃下迷幻藥，喝了柳橙汁，躺在沙發上，聽著老夫婦在屋內發出的模糊回聲。我們播放凱倫・道頓（Karen Dalton）的專輯，互相撫摸彼此的背，聊起家庭的祕密。我對伊恩透露了我最糟糕的祕密，覺得很滿足。我沒有感到興奮或狂喜——就只是感覺到我自己，但都是美好的部分，少了一些焦慮，也少了一些害怕。我想和我深愛的每個人都複製一次這種經歷。我心想，這是我的更高使命：坐在一個美麗的地方聊天。我想同時跟所有朋友視訊聊天。

生活因簡單而閃閃動人。我想到縱橫交錯的歷史長河，看似無法聚合趨同。但沒有什麼是不可能的，我為了加速職涯發展而搬到加州，現在正經歷歷史性的轉捩點。我不禁說出：我們正經歷一個歷史性的轉捩點。伊恩身穿運動褲，開心地在鏡子前伸展身體。我說，這就是新經濟，新的生活方式——我們處在一個嶄新世界的閃亮邊緣，我們是打造這個世界的成員之一。嗯，應該說，他是打造這個世界的成員之一，而我只是從旁協助。

我不知道我是否相信自己說的一切，但說出來的感覺真好。「非常鼓舞人心。」伊恩開心地說，「你應該發表演講，主題是新職涯：未來主義者。」

翌日早上，我們開車去一個溫泉，跟一群身材開始走樣的人一起裸體泡在硫磺池裡。一個木制的三溫暖室裡，滿頭白髮的白人唱著印第安人的民謠。我想長生不老，我想看看還會發生什麼事。

我們開車返回城市時，餘暉漸漸消失，夜幕降臨，我們聊到接下來會發生的事。伊恩鼓勵我辭職，他說，我為公司付出那麼多，工作卻帶給我那麼多痛苦。他提醒我，躲進辦公室的洗手間哭泣是不正常的。

我解釋，我對公司有一種忠誠感。我想向執行長證明自己，我想證明他錯了。

「他根本不在乎你，」伊恩說：「你是他生命中最小的問題。你隨時可以辭職，他完全不受影響。」

這不是伊恩第一次提起這個話題，他的建議向來是出於好意，但這種擅自提出的忠告往往令我惱火，原因不單只是我不願承認他說的可能沒錯。

伊恩是軟體工程師，從未遇到他毫無用武之地的就業市場。他不知道進退維谷、沒有選擇、沒人想要是什麼感覺。他熱愛他的工作，可以輕易要求我三倍的年薪，沒有公司會忘了配股給他，他就是自己的安全網。

也許我仍深受短視近利的觀點所害，我的技能既不獨特，市場的需求也不高。自從在出版業工作以來，我就深深覺得自己是那種可拋可棄的員工。要我在毫無備案時辭職，簡直是找死。大學畢業後的每個月經歷，都如實地反映在我的履歷上。除了大學教授以外，對任何人來說，休假一年都是很新奇的事，也是我難以置信的事。

伊恩對我的愛，就像你剛愛上一個人那樣。他依然覺得，我是那種不會讓自己遭到虧待、不會讓自己感覺很糟的人，是充滿正義又有道德的人，是珍愛自己的人。我可以理解他感到失望，我也想成為那樣的人啊。

• • •

戮力從公——這裡的「公」是指什麼？我們的公務是為了公司，但公司也有自己的公務。推動參與，改善用戶體驗，減少阻力，促進數位依賴。我們幫行銷經理A／B測試標題文案，以提升大宗郵件的點擊率；幫電商平台的開發者減少消費者棄置購物車；幫設計師縮短腦內啡的反饋迴路。

我們總是說，我們是在幫大家做更好的決定，檢驗假設，回答棘手問題，消除偏見，開發最好的精準訊息，提高轉換率，改進關鍵商業指標，衡量用戶採用策略，優先考慮影響力，提升投資報酬率，推動成長駭客。有時我會引用某管理大師的名言，對客戶說：「有衡量，才能管理。」雖然我從未讀過這名大師所寫的東西。

所有人的目標都一樣：不惜一切代價追求成長，想盡辦法擴張，顛覆產業，登上主導地位。

終極的概念是：因資料而變得更好的公司，把世界變得更好。那是個充滿可行動指標的世界，那個世界裡的開發人員永遠不會停止優化，用戶無時無刻不盯著螢幕。那是個不需要做決策的世界，決策是沒必要的人類行為阻力。在那個世界裡，一切都精簡成最快、最簡單、最流暢的版本，都可以優化、排序、變現、掌控。

• • •

遺憾的是，我喜歡缺乏效率的生活。我喜歡聽廣播，用許多餐具烹飪，剝洋蔥，解開打結的濕藥草，好整以暇地洗澡，在博物館裡漫步。我喜歡搭乘大眾交通工具，看車上的陌生人對孩子說話、盯著窗外的日落、看手機上的日落照。我喜歡散步到日本城去買飯糰，或漫無目的地走很長的路。我喜歡折衣服，複製鑰匙，填寫表單，打電話，我甚至喜歡官僚的郵局。我喜歡聽完整的專輯，翻找唱片，情節簡單的長篇小說與極簡小說，以及與陌生人打交道。我喜歡走進餐廳，關上門，喝最後一杯。我喜歡迎市場買菜，精挑細選農產品，看每個人在無包裝商店的走道上試吃。

把洗好的衣服烘暖，聽收音機，等公車。我可能感到沮喪、過度疲憊、不堪負荷、心神不寧。有時我遲到了，但我覺得這些平庸的低效率行為其實是一種奢求，是毫無羈絆的特色。什麼都不做、讓思緒盡情奔放、活在當下的時候到了。至少，它們讓我覺得自己是血肉之軀。

無阻力的戀物生活，那是什麼樣子？是在會議與身體需求之間不斷地來回穿梭嗎？是一個連續的高效迴圈嗎？是圖表與資料集。對我來說，那不是憧憬，不是獎賞。

• • •

某晚，大家聚在公司的餐桌邊放鬆，喝酒配著洋芋片，執行長坐在我旁邊。「你已經加入公司一年了。」他說：「我問每個做滿一年的人同樣的問題：這是你一生中最長、還是最短的一年？」

我說，最長。那是我的下意識反應，也是真心的想法。他瞇起眼睛，露出似笑非笑的表情。在桌子的末端，客服經理顯然在偷聽我們的談話。

「這是陷阱題。」執行長說：「正確答案是，兩者都是。」

十七 「最好上」的女同事

隨著年度考核的時間逼近，我依然在猶豫，要不要把同事對女性隨意展現的敵意列入意見清單，那種敵意對職場增添了沒必要的氣氛。如今公司員工已增至六十人，其中有八名女性，這個比例在這個產業內很適切，但我太理想主義了，我覺得我們可以做得更好。

我在電郵中告訴我媽，一位同事的智慧型手錶上有個 app，那個 app 就只是顯示一個女人的胸部持續晃動的 GIF 動畫。我也告訴她，別人對我的體重、嘴唇、穿著、性生活提出意見時，我如何回應。我還讓她知道，那個把自己當網紅經營的同事列了一份清單：辦公室裡「最好上」的女性名單。

這實在很棘手：我喜歡我的同事，他們怎麼對我，我就盡量以其人之道，還治其人之身。我還沒遇過什麼可怕的經歷，我希望能維持現狀。相較於我認識的其他女性，我的際遇還不錯，但這個門檻實在太低了。

我母親在我這個年紀時，曾在銀行上班。我以為她會了解我信裡寫的東西，期待她會回信支持與鼓勵我。我以為她會說：「沒錯！這一行正需要你這樣撥亂反正。」

她幾乎馬上就回信了，她寫道：「不要以書面抱怨性別歧視。當然，除非你已經找好了律師。」

• • •

公司把我從「客服工程部」拔擢到業界所謂的「客戶成功部」（Customer Success），我是客戶成功經理（customer success manager），簡稱CSM。突然間，我有了縮寫代稱，手上也多了幾個專屬客戶。我有了名片，上面印了我的手機號碼，以及兩句標語：「行動更勝點閱率」和「我是資料導向者」（data和driven之間少了連字號依然令我抓狂）。只要有人想要我的名片，我就會遞給他們。

「客戶成功」團隊的規模很小：就只有我和一名以前擔任客戶經理的同事，他剛拿到企管碩士（MBA），穿著紐扣襯衫、光亮的紳士皮鞋。客服經理告訴我，他預期我們會是一對優秀的搭檔。我同意他的看法——我喜歡那個MBA，喜歡他那憤世嫉俗的冷笑話。「他很有謀略，」客服經理笑容滿面地說，「而你很愛我們的客戶。」

我們的客戶。我的收件匣與私人語音信箱裡，充滿了自以為有權找我的固執陌生男性所提出的要求。我想到過去一年間我遭到低估、看不起、輕視的所有時刻。沒錯，我喜歡在軟體與客戶之間進行轉譯，我喜歡分解資訊，揭開技術流程的神祕面紗，身為少數擁有這方面專業知識的人，我也喜歡發號施令，但是那些男人，我一個也不愛。

隨著職位升遷，我的認股權也增加了。我依然不知道那些股份值多少錢，也不敢問那個MBA，我們獲得升遷時他是否得到更高的報酬。我似乎能直接認定，就是那樣沒錯。畢竟，公司覺得他的工作是謀略，而我只要負責愛客戶就好了。

不過，即使沒有股票（我安慰自己，反正那是投機財），如今我二十六歲，年薪已達九萬。我上網買了一雙五百美元的靴子，我知道它在紐約很流行，但我不好意思在舊金山穿——因為看起來太專業了。我捐了一點錢給一家非營利的生育保健機構，也捐了一點錢給一個在地組織（它為我家附近的遊民提供流動廁所與淋浴設施）。我買了一個有USB介面的按摩器，因為它讓我感覺更有科技感。我加入一家有鹽水泳池的健身房，但自知永遠沒有時間去游泳。我預約了評價平台推薦的催眠治療師，一次療程就要兩百美元，我希望接受治療後不再咬指甲。但是在治療期間，我不小心睡著了，夢見那個人人討厭的社群網站的創辦人，幸好那不是春夢。

我把剩下的錢直接存進一個儲蓄帳戶。我安慰自己，好吧，心情不好的時候，就躲進伺服器室裡，看看銀行帳戶的餘額。那是我的逃生方式。

• • •

春季的時候，公司發布了一項新功能：一份名為「成癮」（Addiction）的報告。成癮圖顯示所有用戶參與的頻率，以每小時為單位用圖表呈現——那就像加強版的「留客」（retention）報告。那是工程師開發出來的巧妙產品。每家公司都想開發出一款吸引用戶每天查看多次的 app，他們都希望那個 app 黏性很強，愈黏愈好。成癮圖能量化及強化這種焦慮與癡迷。

另一家更大的科技公司提供對家庭較友善的福利與政策，我們的公關總監便跳槽過去了，她的職缺還沒有人遞補。她離職後，寫文案的任務突然落到我頭上。我跟公司說，由於我得承擔額外的工作，應該獲得加薪，但公司斷然拒絕了。客服經理說：「你做這件事，是因為你在乎。」我想，我是真的在乎，因為我一直做下去。

為了宣傳那個成癮功能，我為執行長代筆寫了一篇他對那個產品的看法。文章平淡地描述，讓用戶一小時多次使用同一個 app 為何必要。我寫道：「成癮讓公司看到他們的產品有多融入用戶的日常生活。」彷彿那是好事似的。那篇文章以執行長的名義，發表在一個流量很大的科技部落格上，也以我的名義發表在公司的部落格上。

成癮這個產品的新奇性令人興奮，但它的前景也令我不安。公司多數員工都未滿三十歲，我們是在網路上長大的。我們都認為科技勢不可擋，但我開始思考，或許還有其他方法。我已經太常讓自己陷入多巴胺的陷阱了：我會寄網路連結或備忘錄給自己，之後當我收到通知時，會感到一陣興奮，然後才想起那是我自己觸發的。我一點也不想鼓勵大家沉迷於app。

產品名稱也令我不安。我知道很多人為了戒除對海洛因、古柯鹼、止痛藥、酒精等物質的依賴而逃往鄉野，他們是幸運的。成癮是整個世代的一種流行病，極具破壞力。田德隆區離我們的辦公室有五個街區，我們應該展現更高的抱負。至少，英語中還有其他單字，何必使用「成癮」這個字眼呢。

我向凱爾表達我的不安。我說，那感覺好像公司裡沒有人認識有隨性吸毒習慣的人，好像藥物濫用是一種抽象概念，他們只在報上看過似的（假如他們還有閒工夫看報的話）。我覺得使用那個字眼不僅顯示我們不夠敏感，還給人一種包庇、尷尬、無禮的感覺。我說，我們何不乾脆把漏斗報告（funnel report）〔30〕取名為「厭食症」，把顧客流失率（churn rate）稱為「自殺」呢。

凱爾耐心地聽我發牢騷，他脫下花色單車帽，抓了抓後腦勺。「我懂你的意思。」他說：「成癮問題是遊戲界的一大議題，不是什麼新鮮事，但是我看不出有什麼好改

30 譯註：漏斗報告顯示接觸到產品的人有多大比例轉變成顧客。

變的。」他用球鞋的鞋尖來回推動我桌子底下的迷你滑板。「況且，我們已經把客戶稱為user[31]了。」

• • •

擔任客戶成功經理比擔任客服工程師有趣，但這個職稱實在太俗氣、太虛偽造作，我根本不敢大聲說出來。沒想到，這個職稱對我是有利的：當我把電郵的簽名檔改成「技術客戶經理」，以前不願交流的客戶竟然都願意回信了——他們都是工程師，都是創辦人，都是男性。

其實這個職位也類似客服，但涉及較少技術層面，比較偏向企業服務——服務那些大企業。客戶成功經理的職責，是守護互利的長期關係。我負責守護的那幾家客戶，都是花錢不手軟的科技公司與大企業，他們想要體驗尖端科技。我的任務是確保他們從這個工具中獲得最大效益。雖然這包括協助新客戶熟悉工具（前提是他們支付一定的費用），但這也表示如果我無法避免客戶流失，我就會遭到開除（只是這種開除方式比較委婉罷了）。

流失（churn）是指客戶離開，也就是說，客戶發現他們不需要第三方的產品，或忘了使用我們的工具，或轉投競爭對手的懷抱。在這方面，公司規模變大既是福，也是禍。規模變大，表示我們獲利增加，但也表示新進業者會想從我們這兒搶奪生意。現在，市場上競爭對手如雨後春筍般紛紛出現，他們規模較小，運作更靈活，員工較少，募資更新。他們可以殺價攬客，他們開出更低價位，對此我們這種稍微臃腫的公司往往不願跟進。他們比較耐得住賠本好搶生意。

但客戶流失不單只是因為價格或忠誠度改變。就像任何企業對企業（B2B）的產品一樣，客戶離開往往是因為疏於照顧。畢竟，他們每個月為一個工具支付數千美元，卻忘了這個工具對他們有何效用。這種流失原因是最糟的，因為這表示客戶已經忘了我們。

我是去客戶的辦公室會見他們——在會客室簽保密協議（NDA），會議室裡有零食與調味水，從他們的工程部能眺望灣區的美景。客戶常一本正經地說，他們的工程師也能打造出這種工具，他們為我們的工具支付太多錢了。他們自己製作的工具可能不像我們的那麼好看，但他們能自己動手——自己建置資料分析系統。那家超級電商已經開始銷售後端基礎設施，公司能更輕鬆地自製這種工具。客戶說，我們的工具雖然很棒，但收費太高，他們需要降低成本。

我很難應付這種想殺價的客戶，但我不介意去客戶的公司，試試被他們殺價的感

31 譯註：user也有「吸毒者」的意思。

覺。每次去拜訪客戶，都像實地考察一樣。我去了一些知名企業，見識了那些每天只工作三小時的人有多隨性悠哉。我也去了一些新創企業，婉拒他們提供的冰茶與起司條。我把亞麻外套又拿出來穿了，覺得穿上它看起來比較有氣勢。

我不知道其他公司的客戶成功經理通常是年輕女性，她們穿著印花衣服也不顯得俗氣，從來不會濕著頭髮出門，襪子總是搭配得很好，不太開玩笑，總是知道答案。她們在工作上表現得比我稱職，比我更有說服力。客戶根本不可能拒絕她們。

客戶要拒絕我很容易。我面對客戶時總是有點心虛，想靠幽默來排解尷尬。我與客戶見面時，彷彿在扮演一九八〇年代的業務經理。我會對客戶說「告訴我，你想從你的資料中得到什麼」、「我們來定義你的終極指標」之類的。他們的終極指標總是一樣：能賺錢的東西，愈多愈好。我坐在會議室裡，靠在舒適的椅子上，努力營造專業形象。我也不知道我是模仿誰的風格，不知道自己在演什麼。

雖然我知道我說的不太有說服力，但我演的似乎有效。隨時謹記我們的工作是二十一世紀的產物，令人放心。這個工作也許很普通（就是做客戶管理、銷售、程式設計），但情境脈絡是新的。我坐在工程師、產品經理、技術長的對面，心想：我們都只是在讀別人的劇本罷了。

十八 「偽」白宮橢圓辦公室

我像瀏覽星座運勢那樣，快速掃讀獵人頭業者寄來的電郵與職缺訊息，目光迅速拉到薪資福利那一欄：薪資有競爭力、看牙與視力的醫療保健、退休金福利方案、免費的健身房會員卡、免費供餐、單車安置、太浩湖滑雪之旅、納帕（Napa）度假會議、拉斯維加斯大會、暢飲啤酒、暢飲精釀啤酒、暢飲康普茶、品酒會、週三威士忌日、週五開放酒吧、公司內的按摩服務、公司內的瑜伽課、撞球桌、乒乓球桌、乒乓球機器人、裝滿小塑膠球的波波池、遊戲之夜、電影之夜、卡丁車、空中飛索。科技公司的職缺訊息總是洋洋灑灑，令人眼花撩亂，你從裡面可以看出人力資源部對樂趣的看法，以及二十三歲年輕人所想的「工作與生活平衡」是什麼意思。有時我看那些職缺，看到忘了我不是在申請夏令營。例如，裡面可能出現類似這樣的敘述：「客製化環境：以最新硬體設計你的終極工作站」、「改變你周遭的世界」、「我們努力工作、開懷大笑、擊掌慶祝」、「我們不只是另一家社群網站app」、「我們不只是另一種專案管理工具」、「我們不只是另一種快遞服務」。

我剪了頭髮，逕自享有私人時間。現在我穿著比T恤配牛仔褲更講究的衣服進辦公室時，不再理會業務員那種會意的表情。

藉由拜訪客戶，我知道新創企業的辦公室往往一個樣——都採用仿世紀中葉的現代家具，都有裸露的磚牆、點心區、吧台推車。科技產品投射到現實世界時，發展出自成一格的美學，彷彿在強調他們的真實性似的。例如：居家共享平台的辦公室，設計得像房東出租的房間；一家提供旅館預訂服務的新創企業，在門廳設了禮賓台，還擺了服務鈴，但沒有服務員；共乘app的企業總部閃耀著和app一樣的色彩，連時尚的電梯也是同一色系；一家與書籍有關的新創企業，設了個看來有點寒酸的小圖書館，書架半空著，平裝書與程式設計手冊並陳。這些裝潢讓我想起那些打扮成麥克·傑克森去參加麥克·傑克森葬禮的人。

但有一家沒有營收模式的部落格平台很特別，它的辦公室特別誘人。那不是辦公室該有的樣子，我第一眼看到時，心跳立即加速。在那個辦公室裡，四面八方都能看到城市景色，還有寬敞的真皮雙人座椅，電吉他連上音箱，柚木書櫃配上全白硬體，看起來像我那知名樂手男友的loft風格公寓（我以為我二十二歲時會遇到那種人，但不知怎的他從未出現）。一進那個空間，就讓我想要脫掉衣服與鞋子，躺在寬大的羊皮地毯上，吞一把搖頭丸，赤裸著身體蜷縮在經典的球型椅中，永遠不要離開。

我不確定我是去吃午餐，還是去面試，這很正常。反正，我為那兩種情況都做了準備，只是沒有為它們穿上適合的衣服。嚮導帶著我穿過公共廚房，那裡的東西與其他新創企業的零食區沒什麼兩樣：塑膠桶裝著什錦果仁與乳酪餅乾，盆子裡裝著洋芋片與糖果棒，一整排必備的量販盒裝能量棒，冰箱裡有一瓶瓶的調味水、一串串的乳酪條、一盒盒的巧克力牛奶。很難判斷這家公司究竟是在為馬拉松訓練準備補給，還是為放學的學生準備零食。但這種現象在矽谷稀鬆平常，幾天前，我走進我們公司的廚房，才看到兩位客戶經理嚼著專門賣給耐力運動員補充體力的葡萄糖果膠方塊。

我一邊享用那家公司供應的阿富汗美食，一邊會見了團隊成員，其中一位是靠微型部落格平台致富的億萬富豪。他問我在哪裡工作，我告訴了他。

「我知道那家公司。」他一邊說，一邊把薄餅撕成兩半：「我曾經想收購你們。」

• • •

近距離觀察其他新創企業動盪的發展軌跡，令我感到厭倦，也變得挑剔。其實我也不是多挑剔，只是想為一家有創新精神、而不是抱著投機心態的公司工作。我希望那家公司有穩定的營收模式，也有我認同的使命。也許又是一家賣工具的公司，但只要是做正常的生意就好。也許是賣實用的東西，讓我有個地方喘息，盤點自己。

我有個朋友在一家新創企業上班，那家公司是為開發人員提供工具（為軟體工程師提供軟體，好讓他們開發出更多軟體），她非常重視工作與生活的平衡。那家公司很有名，從矽谷的辦公園區到美國政府，每個人都使用它的產品。它的產品讓程式設計師輕鬆地儲存、追蹤、協作原始碼。那家公司也經營一個公開平台，上面有數百萬個開源軟體專案，任何人都可以貢獻程式碼或免費下載程式。熱情的科技記者有時把那個平台稱為「亞歷山大圖書館」（Library of Alexandria）〔32〕，只不過它不是圖書館，而是程式庫。

「我不是想挖你，但我覺得你很適合這個職位。」朋友午餐時對我這麼說，同時大讚其雇主的優點：員工兩百人，沒有真正的競爭對手，資金有一億美元。她把一根薯條蘸進奶昔裡。「如果你想帶一支團隊，在這是有可能的。你可以試試看，看哪種模式適合你。」這一切聽起來實在太輕鬆了。

雖然亞歷山大圖書館的結局不好，但我對這家公司仍然很感興趣。它有真正的商業模式——向想要採用協作開源碼來開發自家軟體的公司，出售該平台的私有託管版本。這個公開、免費的網站，對我是個激進的概念。它讓人毫無限制地取用精英的工具與知識，以及造訪精英的線上社群：那是一種創投資本的合理配置。這家新創企業洋溢著理想主義與傳統的技術烏托邦主義。我覺得它是這個產業中，難得充滿樂觀與實驗性的一角；最重要的是，它也是整個產業的救贖，我看得出來，它確實有可能讓世界變得更好。

當然，不是一切都如此美好，還是有警訊。那年春天，這家新創企業發生了一件性別歧視醜聞，鬧得滿城皆知。工程團隊的第一位女性（她是開發人員兼設計師，有色族裔，在科技界大力提倡多元性）在微網誌平台上〔33〕，發了連串的文章以表達不滿。她宣稱，這家新創企業本質上是男人幫，一個性別歧視的單位。同事以高高在上的態度對她，故意還原及刪除她的程式碼，創造出一個充滿敵意的工作環境。她描述那裡的企業文化不尊重女性，只會威嚇女性。

她的發文經大家瘋傳而爆紅，甚至上了全國性的新聞報導。那家新創企業做了調查，其中一位相關的創辦人因此辭職了，另一位搬到了法國。那位宣稱「軟體正在吞噬世界」的創投業者〔34〕還上社群媒體公開表示，他依然看好這家公司。

這一切都令我心懷戒心，但私底下我也很好奇，在爆出這種醜聞後，馬上加入這種組織，是不是有一些效益。醜聞發生後，我是沒有預期那裡就會變成母權制的女

32 譯註：曾是世界上最大的圖書館，是埃及托勒密王朝於公元前三世紀建造，後來慘遭祝融焚燬。library有圖書館與程式庫兩種意思。

33 譯註：推特。

權主義烏托邦（從該公司的官網看來，約有兩成的員工是女性），但我想像，在輿論與大眾監督下，男人幫應該會收斂一些，不再那麼囂張跋扈。我想，至少員工會公開談論性別歧視。性別歧視一定會變成內部對話的一部分。很久以前，我讀過傅柯（Foucault）的書：談話可能依然是力量。在醜聞爆開之後，女性肯定會有立足之地。說這是自欺欺人也好，或是天真爛漫也罷，我覺得這些算計很有謀略。

• • •

純粹出於想反抗，我請了一天事假，沒有特別說明原因，然而又擔心自己做得太明顯。我安排了下午到那家開源新創企業面試。它的辦公室在球場附近，由一棟三層樓高的果乾工廠改建而成，接待區有一排櫥窗，展示公司創立以來的紀念文物。我凝視著一台凹陷的筆電，試圖產生感動的想法。那是公司首批工程師中的某人所使用的電腦。一個襯衫上印有公司商標與「特勤」字樣的警衛帶我去等候室，指向一張黃色沙發，請我就坐。我坐了下來，把手放在大腿上，環顧四周，開始胡思亂想。

等候室精心複製美國總統的白宮橢圓辦公室，連壁紙也一模一樣。地毯是深沉的總統藍，上面印著這家新創企業的卡通吉祥物，那是一隻虛構的動物：狀似章魚與貓的混合體，長著觸角，雙眼天真無邪，拿著橄欖枝，上面寫著「我們信仰合作」（IN

COLLABORATION WE TRUST)。堅毅桌(Resolute desk)〔35〕的旁邊矗立著一面美國國旗，桌子後面播放雲朵飄過國家廣場(National Mall)的動畫。旁邊有個附帶著精緻三角形模版的白門，大概是通往白宮的西廂辦公室。

這裡屬於創投的旺區，是矽谷生態系統的另一邊。這家公司運用上億創投資金的方式，就像每個理性的人預期二十幾歲的創辦人如何花用別人的銀兩那樣：揮霍無度。

我不需要比較這家公司與那家資料分析公司的陽春辦公室，甚至不需要跟伊恩那間酷炫、工業時尚的機器人研發室相比，就能明顯感受到這個工作空間的新奇魅力。這裡就像一個狂熱的夢想、一個幻想、一個遊樂場。令人尷尬，眼花撩亂，而且還不只是一點點而已。第一場面試是在模仿白宮情報室的房間裡進行，四周圍著玻璃牆，令人望而生畏，但我踏進那個房間，看到會議桌兩側的兩面旗子印著「我們信仰精英制度」(IN MERITOCRACY WE TRUST)時，不禁笑了出來。每個座位前方都放了一個人造皮革桌墊，上面印著那隻章魚貓，一切細節都模仿得惟妙惟肖。

最令人驚訝的是，我竟然很喜歡；這些裝模作樣的東西令我興奮。我心想，這裡

34 譯註：馬克・安德森(Marc Andreessen)與人合創的 Andreessen Horowitz 創投公司投資 Github 一億美元。後來 Github 被微軟收購時，這家創投淨賺十億美元。

35 譯註：堅毅桌是十九世紀的書桌，放在白宮橢圓辦公室中，多次被美國總統當成辦公桌使用。

還發生了什麼事情？員工還可以怎樣惡搞也不會出事？

我在公司裡戮力從公了幾個月，從未聽過「加班費」。當我得知這家公司的上班時數時，更是興奮。那天下午六點，辦公室已陷入一片死寂。除了六個員工在吧台喝啤酒、搖雞尾酒以外，辦公室幾乎空無一人。

我有一種預感，我再也不會在一家看起來好像一夕就能拆除的新創企業上班了，也不會在一個咖啡杯不成套、沒空調的文化產業小套房裡工作了。我不會再穿彈力人造絲的商務休閒裝，也不會再看到老鼠。我將實現「工作與生活的平衡」，進而實現自我。我將允許自己獲得善待，彷彿那是我應得的。

我心想，如果這就是工作的未來，我會全力以赴。我希望每個工作場所都是這樣——我希望每個人都有這樣的職場。我相信這是持久的，是能持續下去的。

• • •

「我們對你、對我們自己、對公司都有很高的期許。」錄取信如此寫道，那高高在上的口吻只讓我有一絲絲隱約的反感。「你有理由感到自豪。」沒錯，但我並沒有那種感覺，只感到疲憊。

那份工作提供完整的一流保險、部分的退休金匹配方案、無限的假期，但比之前的年薪少了一萬美元，職稱也降了一級。目前來說，我甚至沒有維持原本的職級，擔任典型的客服角色形同降級。不管在哪一行，接受這種安排都是不智之舉，在科技業更是幼稚得可笑：我目前任職的新創企業前景不錯，我又是早期員工，現在離職等於放棄潛在的高價認股權。但我沒有值得擔心的認股權，我也不在乎高薪或職銜——這很好，因為錄取信上所列的職稱是向公司吉祥物致敬：客服貓（Supportocat），我可以擱下那種羞辱，不予理會。

我對職場的期望很簡單。我希望信得過上司，獲得公平與平等的薪酬，不會覺得自己被二十五歲的小伙子欺負。我希望自己能信任一個系統的可靠性，任何系統都行。不要把它看得太重，也不要陷得太深。

• • •

我打電話給帕克。「嗯，那不是廣告技術。」他刻意這麼說，「所以，那很好，而且很多技客喜歡那家公司。就任一家科技公司來說，目前那裡的工作條件很好。他們會為你做所有決定，就像去修道院，但報酬更高。唯一的缺點是，他們不會鼓勵你思考你正在做的事，但你早就知道這點了，我相信你已經想過了。」

其實我真的沒想過。我告訴帕克，我相信這裡，我看不出來它有什麼壞處。我坦言，我認為那個開源平台有很大的潛力。帕克沉默了一會兒。

「對我來說，那是中央集權的黑暗幽靈。」他說。「就算沒有它，我們依然可以做那個平台所提供的一切，大家也比較自由。」他嘆了一口氣繼續說道，「但無論你選擇什麼，我都不會笑你。現在市場上幾乎沒有一家公司是好的。也許有一些非營利組織沒有導致情況變得更糟，但也就只是這樣。良善的組織很少，你做的任何事情，都不會比蘇馬區那些新創企業所造成的禍害更糟。」

我說，我打算接受這份工作。

他說：「嗯，我知道。」

• • •

我安排了一場會議以知會大家。我和客服經理坐在五角廳裡，我說出腦海中已經演練多次的台詞：我學到很多東西，很喜歡加入公司的這段時光，很感謝他們冒險錄用我。這些話都不是騙人的，他們確實冒險錄用我，我也確實有段時間很喜歡這份工作，這是一次寶貴的學習經驗。

客服經理靠在椅背上，點了點頭，一直轉著手上的婚戒。我知道他解雇諾亞時哭過，我有點失望他沒有為我哭。他敷衍地問道，有沒有什麼辦法能讓我留下來，我說沒有。我倆似乎都為此鬆了一口氣。

我覺得親口告訴執行長會比較有尊嚴，那就像他可能在投資金主寫的那本商業書中讀到的一種禮儀。但是客服經理搶先一步告訴他了。整整一天，我看著執行長，但他故意不理我。我走近他時，他就轉身走開，凝視著前方。

那天晚上，我坐在一間與外界隔絕的會議室中，看到執行長大步穿過辦公室，朝我走來。他仍然避免眼神接觸，走進會議室，坐了下來，告訴我他聽到我要離職的消息。什麼「消息」，彷彿我懷孕或快死了，或是很重要的事情。我點點頭，避免為此道歉。他就像高中演話劇的學生排練台詞那樣，感謝我做的事情。「對不起，有一次我把你惹哭了。」他對我身後的窗戶說。

我心想，我還不了解他，我們不是朋友，我們從來就不是一家人。我不明白他為公司犧牲了什麼，不知道他為了保護公司肯付出多大的努力。我不知道他喜歡什麼，他的冷漠令我害怕。

我跟他說沒關係。那是騙人的，但我這樣講不是為了安撫他，而是因為我比他更需要相信這點。

• • •

八月底，我刪除筆電上的個資，吃了最後一把什錦堅果。營運經理的工作量太多，分身乏術，無法跟我做離職面談，對此我覺得很感激。我已經沒什麼能貢獻的了，只說了幾句太過感性的話，簽了幾份文件，由於沒有律師在場，我無法完全理解那些文件是什麼。我沒有想到我可以要求更多時間看那些文件，甚至拒簽。

交出識別證後，我騎著單車離開辦公室，心中充滿了各種可能。我的背包因為少了工作的筆電，變得很輕。我沿著市場街（Market Street）騎行時，背包輕拍著我的背脊。我感到自由，徹底解放了。在狹長帶（Panhandle），我經過一群穿著同款新創企業T恤的跑者，他們在桉樹林中慢跑，像一群訓練有素的小馬；我很同情他們。

那天晚上，伊恩租了一輛車來我家接我。我們開車穿過蜿蜒的山路，進入柏克萊，在一處瞭望站停下車子，坐在一塊巨石上，吃著咖喱蒸粗麥粉，搭配便宜的香檳。海灣的對面，舊金山閃爍著，濃霧籠罩著城市，覆蓋在公園、山丘、碼頭的周圍。

我大可提早辭職的，幾個月前就可以走了。近兩年來，我被年輕人的自信所誘惑，他們讓一切看起來很簡單：知道自己想要什麼並得到它。一直以來，我很容易相信他們，渴望照著他們的原則來安排我的生活。我相信他們會告訴我我是誰、什麼東西重要，以及如何生活。我相信他們會有一個計畫，也相信那對我來說是最好的計畫。我以為他們知道一些我不知道的事情。

現在我如釋重負，優遊自在。我裹著伊恩的外套，看著城市，我不知道其實我不是特例，很多人跟我同病相憐：整個文化都被誘惑了。我知道，我對來自美國平靜郊區那些充滿雄心壯志、積極進取、傲慢自大的年輕人有盲目的信念，是一種個人病態，但那完全不是個人因素造成的，那已經變成一種全球性的問題。

規模
SCALE

十九　性騷擾羅生門

這家開源新創企業是一種體制。早在四名二十幾歲的程式設計師聯手創辦這家公司，並掀起改革、進而營利之前，大家已經協作自由軟體〔36〕數十年了。然而，這家企業讓整個流程變得更快、更可靠、更社群化。這個平台真正改善了開發者的生活，開發者本來就比較喜歡那些想法跟他們一致的人所設計的簡單、優雅的方案。這家公司打從一開始就有獲利，更是「產品與市場適配」(product-market fit)的典範，這對創投業者來說是難以抗拒的誘惑。創辦人決定以不同的方式做事，沒有人能阻止他們。

這家公司是模仿自由軟體社群的模式，依循其顛覆性、反主流文化、深度技術烏托邦的精神。多年來，為了仿效開源的原則——透明、協作、分權——它的架構扁平，沒有階級制度，也沒有組織結構圖。員工自訂薪酬，決定自己的優先要務，並藉由追

36 譯註：自由軟體是指可以自由使用、下載、修改、散布的軟體。

求共識來做出決定。創辦人不相信管理，崇尚精英制度，他們認為最優秀的人自然會登上頂峰。

公司鼓勵每個人以最佳方式、在最佳地點、最好的時段工作——不管那是凌晨三點在舊金山的辦公室（亦即總部），還是在夏威夷歐胡島的吊床上。公司鼓勵大家工作時全心全意，休假時也玩得徹底。每個人都有無限的假期，不必追蹤，也沒有正式的上下班時間。公司有半數勞力是採遠距工作模式，數位遊牧族更是稀鬆平常。

這家公司對開發人員非常癡迷，這種感覺是互相的，用戶所展現的品牌忠誠度近乎瘋狂。他們甚至把公司的吉祥物刺在身上，而且趁刺青才剛完成、皮膚依然鮮紅時，就拍照寄給客服部。公司官網出售許多掛著公司品牌的紀念品，例如衣服、貼紙、酒吧用具、玩具、嬰兒服等等，生意好到幾乎可以獨立成另一個事業。來自世界各地的旅遊團在公司總部裡穿梭，站在堅毅桌的後面或大廳那座高一米八的章魚貓雕像的下方自拍。那座青銅雕像是模仿名作《沉思者》（*The Thinker*）雕塑而成。

有些員工在開源社群中很有名，他們是熱門檔案庫的維護者或程式設計語言的作者。有些人則利用這家新創企業來博取個人名聲，藉由寫部落格與經營個人品牌來累積聲譽，因此在業界小有名氣。他們自詡為公司的宣傳大使，到世界各地參加無數會議。他們在東京討論程式設計架構，在倫敦討論設計思維，在柏林討論工作的未來。

他們以類似終身教授的權威口吻，對著一群熱情的開發者、設計師、創業者演講（這些人的脖子上，都掛著護貝的大會通行證）。他們在演講中談到開會的毒害，盛讚協作有多卓越，把個人經歷轉化為普世真理。他們來到舊金山時，穿著員工帽衫在蘇馬區附近走動，舉手投足彷彿大家會認出他們似的。有時，確實有人認出他們。

• • •

我加入新公司的第一週，花了很多時間偷偷學習。我閱讀內部的留言板，瀏覽聊天室中一頁又一頁的過往記錄。儘管公司總部富麗堂皇（據傳內部裝潢高達一千萬美元），但對這家「遠距工作至上」的公司來說，真正的總部是在雲端。為了確保所有員工不論身在何地皆地位平等，公司的事業大多以文字形式進行。這主要是透過開源平台的私有版本來實現，彷彿公司本身就是個代碼庫。大家瘋狂地記錄他們的工作、會議、決策流程。所有內部溝通與專案是全體同仁都有目共睹的。因產品性質使然，每個檔案的每個版本都保存下來了。整家公司其實是可以靠逆向工程逆推出來的。

公司只有兩百名員工，但某種意義上，這家新創企業打造了一個私有的網路社群。無論是在線上或面對面，大家都是以平台的帳號互稱。連執行長在電郵與內部貼文的最後，也以帳戶名稱署名。公司的聊天軟體每隔幾秒鐘就顯示資料、資訊、數位短訊，裡面包羅萬象。有專門為科幻小說的讀者、漫畫愛好者、夜貓子、政治迷所開設的頻道，還有一個頻道讓人發布辦公室裡的愛犬照片，一個頻道讓人貼他們在社群媒體上關注的小狗照片。另外，也有針對模擬赤腳跑步的極簡跑鞋愛好者、練武者、重拾音樂喜好者所開設的頻道。也有為熱愛卡拉OK、籃球、主題樂園、乏味食物、舒肥機、迷你屋、編織的人所開設的頻道。還有四十個人加入一個專門討論人體工學鍵盤的頻道。

有幾個同事熱愛表情符號，把表情符號當成文字來使用，那也是他們擺爛的一種方法。例如，他們可能輸入一隻小鯨魚、一支小霜淇淋、一小坨冒著熱氣的大便；或是輸入一隻特製的章魚貓；或是輸入執行長的小頭像。一想到在公共場合使用筆電，我就覺得尷尬——我的工作好像小孩在打電動。

不過，這整個體制所留下的檔案卻令人著迷。這裡沒有新人入職訓練，所以我自己設計了一個。我讀了性別歧視指控首度公開時的聊天記錄、公司為了說明這起醜聞而舉行全員會議的會議記錄、人力資源資料庫中的討論。我看到同事對那個事件的即時反應，以及哪些人迅速出來指控那個工程部的第一名女性，陷她於不義。讀這些歷史記錄讓我覺得，我好像偷偷摸摸做著見不得人的事，但那其實是很實用的研究，可以發現該盡量閃避誰、誰能夠信任。

• • •

第二週，我飛到芝加哥參加一場駭客聚會（hack house）。公司內部經常舉行駭客聚會：每隔幾個月，就有一群人聚在他們選擇的城市裡（例如奧斯丁、雅典、多倫多、東京），花幾天交流、規劃、喝酒。我的新同事即使不是數位原住民，也是數位同化者，他們稱這種活動為「現實世界」（meatspace）[37]。

公司在芝加哥的黃金海岸區（Gold Coast）[38]租了一棟現代藝術風格的別墅，那裡曾是某位鞋王繼承人所有，但後來經過裝修，變成俗氣的極簡風格，有如情色電影的場景，裡面有幾何形家具、斑馬地毯、白色平台型鋼琴，還有一隻實際大小的填充閹牛。在我住的套房裡，衛浴和床之間隔著半牆的玻璃磚。

第一晚，我以行李袋頂住沒有鎖的臥室房門。黎明前，一名技術支援工程師的聲音驚醒了我。他有輕微的搭機恐懼症，從科羅拉多搭了十八小時的電車來到這裡。他拖著腳步走進大樓，倒在我對面的房間裡。第二天早晨我出來時，發現他的門開著。他臉朝下趴在床上，四肢攤開，正在打呼。

37 譯註：亦即相對於網路的虛擬世界。
38 譯註：緊鄰密西根湖，是一個以住宅為主的上流社區，有許多豪宅及高層公寓式建築。

客服團隊白天攤在客廳的皮沙發上，一邊在聊天頻道上討論要叫什麼外送餐點及開玩笑，一邊處理客服問題。晚上，我們包下最頂級的新美國餐廳，它們提供中西部「從農場到餐桌」的服務。餐後，我們前往黑盒子劇場（black-box theater）〔39〕看中西部喜劇。早上，大家起得很晚，穿著睡衣在別墅裡走來走去，煎培根，處理客服問題。

雖然在外過夜一週不是我結識新同事的首選方式，但我還是覺得自己很幸運。我的隊友都是性情溫和、風趣又隨性的人，他們幾乎年紀都比我大，約一半是女性。有不少人以前是擔任圖書館員或檔案管理員，他們之所以受到這家開源新創企業吸引，原因與我很相似：自由的烏托邦承諾；容易分散傳播、組織良好的知識；適合生活的薪資；優渥的福利。

我的入職嚮導是一名認真又細心的南方人，她之前在非營利的教育機構上班。她帶我了解內部的客服軟體。我注意到公司的工程師很龜毛，他們把客服系統也整合到開源平台上了。

入職嚮導告訴我，客服軟體是第一位客服貓開發出來的，可能還有一些小問題。她說：「萬一遇到什麼狀況，可以隨時找他。」接著她告訴我那位開發者的用戶帳號，帳號可愛到會讓人想起小熊。我問：「他叫什麼名字？」入職嚮導笑了，她說：「那就是他的名字。」她悄悄靠過來說：「他覺得自己是狸貓，那是一種日本的狢狸，只有創辦人知道他的真名。」我說：「喔。」覺得有點失望。她說：「他有時會出現在總部，你看到他的尾巴，就知道是他了。」

第二晚，我們去別墅附近一家廉價酒吧喝睡前酒時，氣氛變了，客服貓開始八卦。同事說，公司經營得不太順，至少文化上是如此。這家新創企業已經經歷了漫長又尷尬的青春期，現在該成長了。因醜聞而離開公司的那名創辦人是公司的命脈，執行長雖然立意良善，但不喜歡衝突。公司創立以來，第一次有人揚言辭職。

同事說，員工對於第一位女工程師的遭遇，依然耿耿於懷。很多人感到心寒，他們原本把那些涉案者視為家人，沒想到那些人令他們大失所望，悲傷難過。他們發現自己是共犯卻不自覺，擔心那種事情再度發生。

不過，情況也很複雜。「一方面，如果我們有性別歧視或性騷擾的問題，那就應該解決。」一名同事對我說，「但另一方面，那也傷害了每個人。」我問她，那是什麼意思。她把頭髮撥到一邊，接著說：「我不知道公司是否能從這次危機中重新振作，而且坦白講，她不是唯一有配股的人。」

39　譯註：黑盒子劇場是沒有鏡框式舞台框架的矩形小劇場，內部全是黑色，包括牆壁、地板、天花板，以及水平或垂直的簾幕等。

• • •

回到辦公室後，很多人在談論一群網路酸民騷擾女性遊戲玩家的事件。酸民湧進社群網站，散播種族歧視、厭女、反動言論。他們抨擊女權主義者、活動份子，以及他們蔑稱為「正義魔人」的人。其他平台幾乎都封鎖他們了。對於遭到封鎖這件事，他們引用美國憲法第一修正案〔40〕，抗議這是言論審查。這引起一些右派評論者與白人至上主義者關注，他們開始聲援那些酸民的抗議。

在開源平台上，那群酸民針對他們鎖定攻擊的女性，建了一個資料庫。裡面放那些女性的相關資訊，諸如照片、住址、個資等等，並列出他們打算採取的跟蹤、騷擾、媒體施壓策略。為那個資料庫貢獻資訊的帳號，大多是「分身帳號」，綁定匿名轉寄的信箱，並使用覆蓋網路以隱藏ＩＰ位址。那些帳戶背後的人完全無法辨識，也不可能追蹤得到。

同事們開始辯論，站在公司的立場，我們應該對這些攻擊活動投注多少關注。他們已經習慣看到有人像這樣拿社群媒體當武器。他們告訴我，每個平台上都有酸民，最好把他們標記為垃圾發文者或置之不理。

一個同事說：「你只要在遊戲社群上待五分鐘，就會看到這種事。」我小時候打過電動玩具，但後來再也沒玩過，我根本不知道遊戲竟然還有社群。「他們只是一群窩在父母家地下室，閒閒沒事幹的傢伙。」他說：「他們總有一天會把注意力轉移到別的地方。」不過，他坦言，看到他們建立的電郵範本與通話腳本的資料庫如此井井有條，還是很不尋常。

公司沒有設立正式團隊來處理這類情況，只有一個臨時成立的團隊。它由高管、客服人員、律師、喜歡看熱鬧的人組成，他們開了一個名為「危險物」（Hazmat）的決策聊天室，來處理偶爾發生的爭議與平台上的突發事件。經過數週的內部討論、毫無作為、以及社群的頻頻抱怨後，「危險物」小組關閉了那個資料庫。但關閉後，公司員工立即在社群媒體上遭到圍剿。客服團隊的收件匣裡湧入許多死亡威脅。

我讓一名工程師看了其中一則特別惡劣的訊息，我們在管理工具中查那個電郵地址，找到相關帳號。那個用戶檔案的頭像，是個留著小鬍子、眼神狂野的男人。「這就是你擔心的人嗎？」工程師問道，「拜託，你應該知道他們是什麼樣的人吧，就是那種抱著動漫人形抱枕（dakimakura pillow）的宅男。你不會有事的，他的老媽不會開車載他去殺人。」

40　譯註：美國憲法第一修正案禁止美國國會制訂任何法律以確立國教、妨礙宗教自由、剝奪言論自由、侵犯新聞自由與集會自由，以及干擾或禁止向政府請願的權利。

工程師滑著椅子回他的辦公桌，我開了個新網頁，搜尋「dakimakura pillows」。我一邊翻看產品照片，一邊想，那個世界實在太遼闊、太不可知了。我覺得自己既無知又天真。

同事說，那些躲在「分身帳號」背後的人不過就是一群混蛋，說著在聊天室裡丟出明星翻白眼的GIF動畫。同事還說，那些人只是幼稚或無聊，可能是學生，因為學校放假或長週末期間，公司總是會看到濫用通報飆升。他們安慰我，那只是一群搗蛋鬼，不是平台的典型用戶——不值得多花時間在他們身上，不值得我們參與。

二十　遠距工作

這家開源新創企業送給新進員工的禮物，是一只計步腕錶：健康的員工是快樂的員工，而且保險可能更便宜。我戴了那只腕錶一週，追蹤步數並計算卡路里攝取量，直到我發現自己根本快得厭食症了。

這個生態系統對於優化與提高生產力的招數（例如干擾阻斷器、任務計時器、隱士模式、批次處理電郵、時間箱），非常沉迷。這種沉迷已延伸發展至生理駭客領域。在網路上與舊金山的精品咖啡店，系統思考者交流他們的作法及劑量。他們利用紅光及雙耳節拍（Binaural beats）來改善睡眠週期，購買添加奶油的冷萃咖啡，從大腿注射睪固酮，並且採買觸覺回饋腕帶，以便對自己施加一百五十伏特的電擊。

這些生理駭客認為，身體也是一種平台：既然筆電的作業系統可以升級時，他們會立即下載新版來用，那麼人類的身體組織也理當如此。新公司向那些追求最佳績效的人出售聰明藥（不受管制的認知增強藥物），聲稱它能開啟更高層級的思考。

我希望自己對那些事情不屑一顧，卻辦不到。我太好奇了，太想嘗試以前大學室友服用的過動症藥物。於是，我從一家聲稱製造人類2.0的新創企業，訂購了聰明藥膠囊。這種膠囊沒有獲得美國食品藥物管理局（FDA）批准，但投資這家新創企業的金主，正是付我薪水的人。我期待服用那個膠囊後生產力能夠提高，但服用之後，我的思考並未提升到另一個層級，依然在平常的水準就達到極限。

伊恩看著那瓶聰明藥說：「我不喜歡這個新階段。」藥瓶上印了一道閃電，他搖晃著藥瓶，膠囊撞著玻璃罐內部而發出聲音。「茶氨酸？這玩意很像你從順勢療法醫生那裡拿到的藥，只是設計比較不起眼罷了。」我問他要不要吃摩卡口味的咖啡因軟糖，他回絕了。

某個下午，我吃下聰明藥後，在浴室裡用膠帶貼著眼皮，看化妝教學影片，試圖畫出誇張的貓眼。後來我心想，身體優化這件事有點令人難過。優化的目的，是為了提高生產力，而不是快樂。那是為了什麼？對誰有好處呢？二十幾歲時追求高產出，或許是壓縮人生的生產力顛峰期的一種方式，以便身體還年輕時提前退休，但我覺得，在時間方面扮演上帝未免太囂張了吧。

生理駭客似乎比較像是另一種自助模式，就像商業部落格一樣。科技文化為男性提供無盡的管道，讓他們去追求那些被歸為女性化活動的事情——這顯然也包括身體操控。我能理解追蹤個人指標給人一種進步感與動力，一種可衡量的自我改善。排行榜與健身app透過競爭來鼓勵社群。量化是一種控制手段。

「精進自我」這個目的也很吸引我。我可以因此做更多運動，更注意鹽分攝取。我想變得更為開放、更專注、更深思熟慮。我希望有更多時間陪伴家人、朋友和伊恩。我不想再用幽默來掩飾不安、悲傷與憤怒。我希望治療師聽我講笑話時會發笑，說我適應得很好。我想更了解我的欲望、我想要什麼，然後去尋找目標。但是心率變異分析、入眠期、血糖水準、生酮的非醫學追蹤等等——這些都不是自我認識，只是詮釋資料（metadata）。

• • •

公司沒有強制要求我們進公司上班，但有一段時間我還是進公司了。待在總部挺愉快的，感覺就像在精品飯店大廳消磨幾小時。自動販賣機裡販售新鍵盤、耳機、電線與纜線，只要刷員工識別證，那些東西就會免費掉下來。電梯從來沒壞過。據傳，一名工程師曾在公司裡住了一段時間，睡在一個室內貨櫃上方的休息區——「ship code」（推出／交付程式碼）[41]的視覺雙關語——直到他帶約會對象回來，才被警衛發現。

41 譯註：ship code的ship是deliver的意思，但ship也有船運的意思，呼應了前面提到的貨櫃，所以說是雙關語。

同事不只把這裡當成辦公室，也把它當成俱樂部的會所。有人赤腳四處走動，有人玩雜耍、彈吉他。大家來上班時，穿著充滿諷刺意味、寓意深長的服裝，例如：印著獨角獸圖案的內搭褲、印著同事頭像的襯衫、束縛頸圈、火人祭毛皮。有些人一邊工作、一邊玩電玩，或在程式設計師的小亭子裡打盹（那是有墊子的昏暗小隔間，是專為感官剝奪下表現最好的人所設計的）。

有一半的工程師似乎也是ＤＪ。一群開發人員常到教會區的一家俱樂部表演，一名資料科學家會在他們身後的螢幕上，投射稜角分明的幾何視覺效果。有些人在公司吧台使用混音器，得意地回憶他們在辦公室舉辦的舞會，以及鄰居揚言報警的次數。

儘管這裡設施齊全，像泡在俱樂部裡一樣，但辦公室常坐不滿。會議是透過視訊會議軟體進行，大家會從當下所處的任何地方連線參與，例如公共運輸上、泳池休息區、未整理的床鋪、居家客廳（伴侶在身後打盹）。一名工程師每天從室內攀岩牆上參加公司的站立會議，手抓著塑膠岩塊，身穿繩索護件。一個遠端遙控的機器人在一樓的活動空間裡移動，身軀瘦長顯眼，它是虛實世界之間的橋梁。

員工來來去去，按自己的作息時間上班。我從來不知道我會在總部遇到誰，也不知道我會不會獨自上班。每一層樓都有電視螢幕顯示熱點圖與員工的頭像清單，以顯示誰在大樓的哪裡。熱點圖感覺有點侵犯隱私，我不知道該如何主動選擇退出。每次我走進洗手間時，都會側眼看著電視螢幕，等待我的資料（一個發光的橘色圓點）跟上我的腳步。那些圖彷彿給人一種公司凝聚感。身為唯一的亮點，竟然有一股感動。

• • •

我依然想積極參與公司的活動，成為一份子。於是，我在一群工程師之間，找了一張沒人使用的桌子，把新名片放在螢幕旁邊，像在地上插旗一樣。我從公司的商店買了章魚貓的貼紙，貼在筆電上。我去找公司內部的女按摩師，在衣著完整下，拘謹地接受背部按摩。這種上班還可以耍廢的頹廢感，令我的身體羞愧得無法放鬆。我和同事在一間藏在圖書館書架後方的房間裡，喝起蘇格蘭威士忌。那個房間設計得像十九世紀的抽菸室：有天鵝絨外套的掛衣架，存放香菸的球體菸盒，壁爐上方有一幅畫，畫的是章魚貓扮成拿破崙的樣子。由於公司的足球隊依規定得有兩名女性，為了幫忙達成這個標準，我加入了足球隊，沒想到絆倒滑了一跤。我去了公司的健身房，在更衣室裡沖澡時卻焦慮不已。我因此決定，以後再也不要在公司裸體了。我穿著員工帽衫，得意地四處走動：我袖子上印有平台帳號，胸前則印有公司吉祥物的剪影。

我是第兩百三十幾名員工。當時，數字已經不重要了。我能輕鬆辨識早期員工，不只是因為他們會在社群媒體上標示自己的員工編號。我從他們霸占聊天室、對不斷壯大的非技術團隊所展現的蔑視、以及緬懷過去的方式中，看到了以前的我。

我確實很羨慕那些早期員工、他們那個小圈子才懂的笑話、以及他們其來有自的自豪。有時看他們在聊天室裡互開玩笑，或看到他們的孩子在萬聖節打扮成章魚貓的照片，或者瀏覽工程師的個人部落格，讀到他們稱頌非同步協作的優點與開源的禪意時，我就會想起我放棄的體制權威，或那堆折好放在毛巾底下的前公司T恤，並懷念過去的時光。我感受到欲望、上班的孤獨感，渴望成為公司的一份子。那種簡單的認同感，全心全意投入的歸屬感。接著，我會提醒自己：謝天謝地，我已經很幸運了。

• • •

客服團隊每週開會一次，每次一個小時，是透過視訊進行。為了參與這些會議，我會梳理頭髮，拉上窗簾，然後把鏡頭中看得見的雜物全扔到床上，再蓋上被子。

某天早上，伊恩看到我在挪筆電的位置，以免鏡頭照到披掛著內衣褲的曬衣架，他說：「也許我們應該分工做你的工作。我們都兼職上班，靠一份薪水過活，同時環遊世界，誰會知道呢？」我說，沒有人會知道。既然談到這個話題，我告訴伊恩，他還不如讓我們一起晉升為工程部，我負責視訊聊天，他負責寫程式。

雖然同事偶爾會去總部上班，但是當我們實際看到本人，可以看到脖子以下的身體時，那種感覺還是很奇怪。我們透過軟體培養的關係，並沒有立即反映在實體現實中。我們面對面交談時，比在公司的聊天室及透過視訊聊天時，還要尷尬。

我喜歡視訊給人的獨特親密感：每個人呼吸著、抽鼻子、嚼口香糖，清嗓子之前忘了先把麥克風切換成靜音。我喜歡看大家拌嘴互開玩笑，話講到一半時表情僵住，或突然看到一隻動物從桌子底下冒出來。我喜歡看每個人都注意著螢幕上的自己、卻假裝在看彼此，那是一種無限的監視行為。每次開會的最初十分鐘，幾乎都是用來校正視訊會議軟體。這段空檔，我逐漸熟悉同事家裡的裝潢、按顏色排列藏書的書櫃、婚紗照、他們熱情自製的活版印刷海報，或者晦澀難懂的藝術品。我逐漸熟悉他們的嗜好與室友，漸漸喜歡他們的孩子與寵物。

在這些會議開始時，我會登入系統，把身體靠向筆電，享受團隊情誼與溫暖。在那一小時中，我的房間裡充滿了笑聲與閒聊，有時軟體故障或延遲時，對話會中斷。這時，我會站起來，伸伸懶腰，拿膠帶貼在筆電的鏡頭上，然後打開窗簾，適應獨自一人在房間裡的寂靜。

二一　薪資隨你開價

工程師都會去看一個嚴密監控的留言板，那是一個新聞聚合與討論網站，由山景城的種子加速器公司所經營。創業者、科技工作者、讀資工系的人、自由主義者，以及喜歡跟這些人筆戰的人，都經常上那個網站。去那裡的人大多喜歡辯論，大多是男人；不管是爭辯的、還是看熱鬧的，幾乎都是男人。

那裡不適合我，但我還是去看了。那裡給我的感覺，像這個產業的男性展露本性的地方，也像一支永遠掛在線上的希臘歌詠隊（Greek chorus）〔42〕。該網站的創立者明確指出，政治辯論摧毀了知識份子的好奇心，所以那裡禁止貼政治文、也禁聊政治。網站規範要求用戶關注駭客感興趣的議題。我一直覺得駭客行為本質上就是一種政治活動，但那個身分似乎被這個產業拉攏與中和了。所謂的駭客行為，顯然不再意味著規避政府管制，或是對掌權者說出真相，只是寫寫程式而已。也許本來想當駭客的人，變成了頂尖科技公司的工程師，他們在公司裡更容易取得他們想要的任何資訊。管他的，反正我不是駭客。

在網站上發文的人，在那裡測試他們從眾人協作的維基網站（wiki）上發現的新意識形態。在討論產業故事、白皮書、產品發表、彼此的個人部落格文章時，他們會交流對倫理、哲學、經濟學的看法。那些男人真誠地詢問彼此：「什麼書構成你的作業系統核心？」他們討論如何維持精神狀態，如何達到深度工作（Deep Work）。他們討論希波克拉底誓詞（Hippocratic oath）[43]對開發者的效用，自然壟斷的存在，個人讚美的價值創造，奧弗頓之窗（Overton window）[44]的狀態。他們把斯多葛主義（Stoicism）視為提升生活品質的一種方式。他們在自我實現的邊緣努力追求平衡。

這家開源新創企業剛爆出性別歧視醜聞時，留言板上的評論者為醜聞案爭論不休。他們緊咬著調查報告中浮現的一個細節不放：男性員工在辦公室裡，看著女性同事隨著音樂搖呼啦圈。工程部的第一位女性描述，男性員工色瞇瞇地盯著女同事，彷彿在脫衣舞俱樂部裡一樣。一名評論者說，看女人搖呼拉圈又不會讓男人變成強姦犯——畢竟，連脫衣舞俱樂部也不會把男人變成強姦犯。

42 譯註：希臘歌詠隊是古希臘劇的重要元素，由十二至五十人組成，在劇中，透過隊長的帶領，以頌詞及韻律動作，與主角交流或獨立演出。有敘事、抒情、批判及預言等功能，增加劇中景聲色的效果。

43 譯註：希波克拉底誓詞俗稱「醫師誓詞」，是西方醫生傳統上行醫前的誓言。

44 譯註：奧弗頓之窗理論主張一段時間內多數人在政治上可接受的政策範圍。

有人問道，執行長可以帶員工去脫衣舞俱樂部嗎？如果那是女性員工發起的活動，而且她們邀請執行長去，那怎麼辦？另一個男人在一旁幫腔，說那些搖呼拉圈的人根本是在作秀，也許她們本來就希望有人看她們搖。一名來自演化心理學領域的大使跳出來說：切記，欲望是演化的必要條件。

接著，有些人開始吵「復原別人寫的程式碼〔45〕」這件事。有些人開始辯論這家開源新創企業在選擇程式語言上所扮演的角色。他們推測，這家公司對程式語言的選擇，或許反映了他們的工作環境。有人指出，人們往往混淆了科技業的性別比例與騷擾率——他承認，科技業的性別比例確實低於平均，但是說到騷擾率，與其他產業相比，其實難以判斷科技業是不是比較糟。

一名經常發文的評論者憤怒地說：「男人在他們熱愛工作的地方，建立了非常成功的公司。現在他們不得不摧毀那個地方，好讓女權主義者感覺良好。」

一位帳號名稱向一隻卡通貓致敬的男人引起大家開始爭論：正面的職場環境有哪些特質？他質問：「為什麼充滿快樂年輕男性的職場，就一定是一種糟糕的文化？」

• • •

我飛去鳳凰城參加一場電腦業的女性年會。大會創設的目的，是要紀念二戰期間協助開發軍事科技的一名女工程師，那或許在無意間承認了這個產業其實與政府有些淵源，只是被人忽視了。在飛機上，我和鄰座開玩笑說，不知道國安局會不會在現場設置招募攤位。這實在是很糟糕的玩笑，當我得知國安局就是這次會議的主要贊助者時，我覺得那個玩笑更糟了。

我其實不算電算領域的女性，比較算是電算領域周邊的女性，或使用電腦的女性。但我很好奇，而且這家開源新創企業也是大會的贊助商。所有感興趣的員工，不分性別，都受邀出席大會了。雖然沒有人對鳳凰城本身感興趣（市中心似乎是連串的停車場構成的），公司安排我們住在一家精品旅館，裡面有泳池和一家墨西哥餐廳。餐廳的酒吧很快就變成我們的新總部。

第一晚，同事聚在一起享用酪梨沙拉和冰涼的瑪格麗特調酒。對許多人來說，這次大會只是讓大夥兒面對面聚會的藉口，就像同學會一樣。很多人自從公司爆發性別歧視危機後，就沒見過面了，大家有很多近況可以聊聊。

我徘徊在周邊，希望有女工程師收留我。我覺得她們令人望而生畏：聰明，對工作充滿熱情，聽到有人胡說八道時會挺身指正，至少她們一夥人私底下是如此。她們

45 譯註：那名遭到騷擾的女性因拒絕某位男性工程師的求愛，而遭到報復，她的程式碼在未經她的同意下復原。

之中，有些人染了不自然的髮色，身上有龐克搖滾的耳洞或穿孔，以顯示產業資歷及所屬的次文化。我完全不知道身為技能受到尊重的科技界女性，是什麼感覺。當我發現她們的處境其實跟技能不受尊重的女性沒有太大差別，我很是失望。

其他女性似乎都很高興看到，公司的一些問題被暴露出來了。有太多人在電梯裡嘔吐（真吐也好，比喻也好），有太多懸殊差異未經檢視。在這家員工絕大多數是美裔白人男性、工程部的女性不到十五人的知名國際企業中，大家對公司崇尚精英制度一直感到懷疑。同事解釋，多年來公司都沒有正式的組織架構圖，所以出現一種地下的組織架構圖，那是由社交關係以及與創辦人的親疏關係決定的。技術領域的普通份子，享有高管層級的權力與影響力；親近執行長的人，就能影響人才招募決策、內部政策與同事的聲譽。

「組織扁平，但薪資與責任例外。」一位內部工具開發人員翻著白眼說，「在這家公司裡，當隻毛茸茸的寵物，可能比當女人來得輕鬆。」

「彷彿沒人讀過〈無架構的暴政〉（The Tyranny of Structurelessness）[46]似的。」一位最近讀了那篇文章的工程師說。

以網路社群的形式來建構一家公司有缺點，這也許是可以預見的；但以開源軟體社群的形式來建構一家公司，更是難上加難。除了精英制度與工作流程缺乏管理者這些問題，開源社群一向是男人聚集的地方，僅不到五%的貢獻者是女性。這個社群裡充滿了排他的言論。即使在技術聚會與技術大會上，男人也會發表武斷的意見，帶著大明星般的光環，在舞台上趾高氣揚地走動。女工程師則是受到冷眼對待或蔑視，甚至有人會暗中亂摸她們。我們開玩笑說：「遠端工作就不會遭到性騷擾了。」當然，我們錯了。

我很快發現，我是受到保護的：客服部內建了良好的溝通與同情心。在工程方面，當男人為協作的重要性撰寫高尚的宣言時，其他人卻很難讓他們的貢獻獲得檢視與接納。有些男性憑自己在公司內部的人氣，發布許多平台的程式碼，但女性寫的程式碼常遭到挑剔或駁回。公司在升遷方面講求公平公開，但說到配股又是另一回事了。對於習慣談判的人來說，那些聲稱無法協商的股權方案，其實都可以談判。著名的「自己開價」薪資政策，導致嚴重的薪資差距，以致有些女性員工最近獲得近四萬美元的修正加薪，但不溯及既往。

接下來那幾天，我在城市會議中心的內部漫步，那裡聚集了學生與科技專業人士共計八千人，大家以一種半協調的方式試圖吸引對方關注。所有大型科技公司都設有

46 譯註：〈無架構的暴政〉是美國女權主義思想家喬・傅利曼（Joe Freeman）所寫的文章，深具影響力。

徵才攤位，每家投資銀行也為新創企業設了攤位。走道的旁邊搭起了一些臨時攤位，上面蓋著廉價的黑色布料，企業的徵才人員在裡面進行工作面試。看到專注於生技、機器人技術、醫療保健、可再生能源等領域的公司，我就感到放心——那些認真踏實的公司，絲毫沒有我在舊金山已經習慣看到的新創企業浮誇。

身處一群資工系的人之間，我隱約感到不自在，接著我又為自己的「冒牌者症候群」感到尷尬，畢竟這場大會的目的是為了賦予女性權力。我確保自己別上了識別證，識別證上醒目地印著公司商標。我站在攤位後面，分發章魚貓裝扮成「鉚釘女工」（Rosie the Riveter）、自由女神、亡靈節骷髏、女工程師（有瀏海、綁馬尾、身穿印有章魚貓的卡通連帽衫）的貼紙。

我看到一群年輕女性遞出履歷表、談論她們尚未開始的職涯時，感到振奮與鼓舞。我心想，或許有一天我會為你們工作，感覺豁達又天真。我隱約希望，自己一年前應該堅持學習程式設計。我的技能從來沒有真正達到科技頂尖，甚至連靠近都沒有，但我已經感覺到自己逐漸退化。當下我有一種感覺，覺得自己與同事正面對面接觸一群以後會取代我們的人。我羨慕這些年輕女性的未來，也出於一種母性，覺得我應該對她們負責。

我在科技界認識的每個人，都有自己的故事，不管是第一手、還是第二手的。那一週，我聽到了新的故事：一名女性獲得一份工程方面的工作，但她試圖協商更高的薪資時，公司不但取消錄取，還當面告訴她，她不符合公司的文化。一名女性在休完產假後遭到降職。一名女性遭到「十倍速〔47〕」工程師強暴，她向人力資源部舉報後，反而遭到革職。一名女性遭到執行長的朋友下了迷姦藥。我們都曾經聽人提到，多元性倡議是歧視白人男性，工程領域之所以男性較多，是因為男性先天就比較有才華。女性需要記下自己做了什麼，做試算表，隨時保持警惕，公開講述經歷。這感覺像一場巨變的開始。

不是每個人都對公開談話感到興奮。一些著名的創辦人與金主，已經習慣新聞對好玩的工作場所與充滿理想主義的執行長做愚蠢的報導，他們不喜歡媒體關注科技業男女平等的議題。他們怪罪那些報導性騷擾的記者，說他們讓科技業顯得很糟。他們聲稱，媒體是因為科技業搶了他們的飯碗，心生嫉妒，才會那樣報導。他們說，媒體抱怨科技業的男人幫當道，那反而阻礙了女孩投入理工科——彷彿一切只是行銷問題似的。一些吃裡扒外的女性也跟進聲援，說她們有男性導師，沒遇過什麼問題。這種論述水準實在有待提升。

47　譯註：「十倍速」是生產力驚人的程式天才，產值是一般程式設計師的十倍。

在大會的主題演講中，一家總部位於西雅圖又愛打官司的軟體集團的執行長，鼓勵女性不要要求加薪。他說：「重點不在於要求加薪，而是知道並相信，只要你努力工作，系統就會給你適切的加薪。坦白說，那可能是不要求加薪的女性所擁有一種額外超能力。」他建議，最好相信因果報應。

在一場「男性盟友全體會議」上，一群女工程師向與會者分發了數百張手工製作的賓果板。每個方格裡各有一項控訴，例如：提起他的母親、說「這永遠不可能在我的公司裡發生」、穿戴裝置（wearables）、聲稱另一位男性高管立意良善、說女權主義會導致女性遠離科技業。賓果板的中心有個方框，上面寫著「潛力人選」（pipeline）。我聽過「潛力人選」的說法，它主張：讀理工科的女性與少數族裔很少，根本不足以填補科技業的職缺。

我問我那排的工程師，什麼是「穿戴裝置」？她說，「喔，就是……」她輕蔑地朝彩燈閃閃的舞台揮了揮手，「智慧型胸罩、科技首飾之類的。那是那些傢伙唯一想像得到女人會關心的硬體。」我不禁納悶，智慧型胸罩能做什麼？順手摸了摸我那智障型胸罩的鋼圈。

那些「男性盟友」都是身材勻稱的白人高管。他們坐了下來，開始建議如何因應職場歧視。搜尋引擎巨擘的副總裁說：「你能做的最佳因應之道，就是出類拔萃。」

眾所皆知他的嗜好是高空彈跳，「衝破眼前的一切界限，追求卓越。」

另一個人說：「別灰心，只要繼續努力就行了。」現場都是寫鉛筆的聲音。

第三個人說：「大聲說出來，要有信心，讓大家聽到你的想法。」

那個熱愛高空彈跳的人說，工程師很容易把事情複雜化，例如潛力人選……

觀眾中有一名婦女「啪」一聲放下鉛筆，大喊：「賓果！」

• • •

這家開源新創企業仍處於走出危機的模式，彷彿有人在派對上打開了燈，每個人忙著收拾殘局，四處尋找紙巾與垃圾袋，揉著紅眼睛，四處找薄荷糖。設置人力資源部，把沒有管理經驗的員工晉升為沒有權限的中階管理者，收起印有「我們信仰精英制度」的旗子，從招募廣告中刪除「維持一流」，取消「文化契合度」面試，停用提示指令「/metronome」（這個指令會把一根懸垂擺動的陽具GIF動畫，丟進全公司的聊天室裡），雇用調酒師來強制限定飲酒量。公司不知道還有什麼可能遭到破壞，也不知道能多快修好。

說這是危機管理也好，企業責任也罷，或是跟上時代思潮也行：這家開源新創企業決定，要成為這個產業中「多元性空間」的領導者。執行長聘請了一名管理顧問，她是個熱情開朗又不胡扯的拉丁裔女性，頂尖商學院畢業，在那之前是就讀加州帕羅奧圖（Palo Alto）一所著名的私立大學（一般認為那所私校是科技業人才的一大來源）。她是在一九九〇年代初期就讀那所私校，那一屆很有名，因為它培養出一群開創網路經濟的創業者、創投業者與自由主義者，這些人早在三十幾歲便成為超級富豪。他們將財富重新投資到矽谷這個生態系統中，藉此回饋社會。顧問親身體會過這個環境，她也從同儕得知，誰與那些網路狂潮所帶來的財富擦身而過，所以我覺得，她在職業生涯中致力向當權者證明科技界不僅存在歧視、而且應該解決，這並不是巧合。

在公司總部，我們以小組形式在會議室裡集合，做無意識偏見（unconscious bias）[48]的訓練及圓桌討論。會議室要是一端沒掛著平板螢幕的話，其實可以作為攝影棚，拍攝一齣描述一九六〇年代廣告業高管的戲劇。平板螢幕上有幾個分割畫面，分別顯示位於倫敦、東京與南卡羅來納州的員工，他們的影像搖搖晃晃，有點受到干擾。我們圍著大木桌周圍，坐在橘色椅子上，討論微歧視（microaggression）、多重弱勢身分交織理論（intersectionality）、蘊含在程式碼中的文化價值。我看著周遭的銀色吧台推車與高雅的書櫃，不禁好奇，是否值得花點時間了解蘊含在室內設計中的文化價值。

顧問很了解她的聽眾。她向我們宣傳多元性有多重要時，彷彿在推銷企業軟體似的。她說，許多公司把多元性視為裝點門面的東西，把多元性與包容視為公關手法，認為它們可有可無。他們通常在人力資源部所在樓層，另外設立獨立辦公室，偶爾捐贈一些禮物給無爭議的非營利組織，以便抵稅。但多元性其實不單只是做正確的事，我們應該將它視為一種商業資產，當成價值主張的核心。它對創新非常重要，公司各個層級都應該這樣看待多元性。

同事大多對多元性與包容計畫感到興奮。他們就像我認識的多數科技工作者，思想開放、聰明、善於接納新想法——不過對一些人來說，這種討論一點也不新鮮，只是來得有點遲了。如今公司開始認真看待這些事情，他們覺得很欣慰。

然而，對一小部分人來說，透過多重弱勢身分的交織視角去看權力，是看待世界的新方法。別人告訴他們，那種方法不僅是職場的新常態，道德上也是正確的立場。他們問道，公司關注多元性，是否也降低了標準？他們也說，他們只是想多問幾個問題：既然說到多樣性，那麼體驗的多元性呢？思想的多元性呢？這些要不要考慮？他們指出，科技業有很多亞洲人與亞裔美國人，他們也許不是擔任領導職，

48　譯註：無意識偏見的目的，是讓人接觸他的隱性偏見，提供工具以調整自動的思維模式，最終幫他消除歧視行為。

但那難道不算是價值嗎？他們爭論「潛力人選」的問題，爭論遺傳預設傾向性（genetic predisposition）。他們認為科技業並不完美，但至少比金融業等其他產業更開放。他們把大家對精英制度的批判，內化成對開源的批評。當這些同事對顧問展現微歧視，顧問仍耐心地聆聽他們。

「精英制度」一詞源自對社會的諷刺，後來被一個產業真誠地採用。這個詞用來諷刺那個產業，可說再貼切不過。精英制度是底下這些組織與人士的經營理念：愛用智力測驗來測試應試者與現有員工的公司；公司裡有很多員工和執行長極其相似的新創企業；覺得把九六％的創投資金配置給男性沒什麼不妥的投資者；明明極其富有，卻只因為其財富有一大部分是股票，而依然認為自己處於劣勢的億萬富翁。

我明白「精英制度」為什麼那麼有吸引力，尤其是在經濟極度不穩的時候，而且對那些在金融危機中步入成年的世代來說，更是如此。我知道，沒有人能保證將來會怎樣。但是對那些似乎從廢墟中崛起的人（亦即我們這些在這個以難擋之勢、硬是開出一條大道的產業中，取得一席之地的人）來說，「精英制度」這種說法只是缺乏架構分析的掩護，它使表面看起來平滑無暇，討喜又免責，讓人難以割捨。

顧問成立了一個由員工組成的工作小組「多元性委員會」，類似內部的焦點小組。我主動申請加入，因為我從小就愛當老師最寵愛的學生，至今依然積習難改，近乎變態。我們這個小組共有二十人，每週大家會圍坐在會議桌旁，討論公司的問題。我們抱怨，對彼此傾訴，處理問題。一名負責製作內部工具的女同事建議，男性應該閱讀《女性平權人人有責》（*Feminism Is for Everybody*），大家嚴肅地點了點頭。這一切感覺像充滿知性的重要工作，我不敢相信公司竟然付錢請我做這件事。

• • •

一天上午，我正準備搭電車去公司總部時，看到輕軌車站裡，有個中年男人穿著章魚貓的連帽衫。他筆直地坐在一塊紙板上，旁邊放著一個扭曲的紙杯，赤著腳，腳踝上有個未癒合的傷口。在我們的下方，我看到一列電車正要進站，也許是我要搭的那一班。我衝過旋轉門，心想要不要給他一點錢，接著又懷疑，我想給他錢是不是因為看到那隻章魚貓。我在電車上找了個座位，像孩子般把頭靠在車窗上。

電車駛上地面，走上內河碼頭（Embarcadero），經過一個巨大的普普藝術弓箭雕塑。海灣波光粼粼，海鷗飛落在一個棄置的麵包袋上，我感到不安。那個男人彷彿小說裡的幽靈，是一種幻覺。

我進辦公室時，向一名同事描述那個情景有多麼超現實，觸目驚心。我說，輕軌車站的那個人，彷彿體現了這座城市的社會經濟落差，把落差人格化了。此外他是黑人——我之所以覺得這點更加重要，不僅是因為舊金山的黑人正迅速減少，而且據我所知，我們公司只有兩名黑人員工。

我說：「那寓意簡直一針見血。」同事點點頭說：「真的很可悲。」我們杵著，彷彿在觀察片刻的沉寂。他說：「不知道那件衣服是誰的，我們不該把公司連帽衫送人的。」

二二　出賣你自己的人設

即使在瀏覽那些內容時，我也知道，以後我會回想起自己在坐二望三的年紀，幸運地生活在這個國家中最美麗的城市之一，毫無負債，不受工作場所羈絆，沒有家累，沉浸在愛情中，比以往任何時候與往後的任何時候更自由、更健康、更有潛力——幾乎所有醒著的時間，我的脖子都彎成不自然的角度，雙眼緊盯著電腦。然而，即使在那當下，我知道我還是會後悔。

我已經抵達千禧知識工作的應許之地。我做著一份只存在網路上、也為了網路而存在的工作，年薪是八萬美元、九萬美元，後來變成十萬美元。大多時候，我是靠寫電郵為生。大多時候，我在家工作。這份工作對我的要求太少了，要不是因為它要求我掛在線上，我甚至可能忘了有這份工作。

有時登入系統上班，就好像進入隧道似的。我對著團隊的聊天室，丟出一個揮手的表情符號；處理客服問題；讀電子郵件；處理幾件因侵權而下架的東西；迅速掃讀內部的留言板。留言板上的東西五花八門：同事貼出工作週年感言，感謝老闆、也慶賀自己（「能夠學習與成長，令我感到謙卑與感恩」）；新產品公告（「為我們這個團隊發布最新功能感到自豪」）；寫成新產品公告的喜獲麟兒公告（「為我們這個團隊發布最新功能感到自豪」）。我在公司的聊天軟體裡，從一個頻道切換到另一個頻道，瀏覽其他時區一夜累積下來的資訊與交流。這個迴圈走過一輪後，我會打開一個新的瀏覽器視窗，開始一天真正的工作：在不同的分頁之間切換。

瀏覽器上充斥著用戶意見與錯誤資訊，我同時處於一百萬個地方，腦中充斥著陌生人的想法。每個笑話、每個評論、每個該死的爭論，都和下一個一樣令人分心、轉瞬即逝。

不只我這樣，我認識的每個人都陷在自我回饋的迴圈中。科技公司在一旁待命，隨時準備成為每個人的圖書館、記憶、人設。我閱讀社群網路中其他人正在閱讀的內容，聽演算法推送給我的音樂。我在網路上無論逛到哪裡，都會看到我自己的資料反映在我身上：如果臉部按摩滾輪的廣告跟著我，從一個新聞網站跳到另一個新聞網站，我就會想起我那發紅的皮膚和潛在的虛榮心。如果個性化的播放清單充滿了悲傷的創作型歌手，我只能責怪是自己讓演算法變得憂鬱。

演算法顯示，我的紐約朋友在沒有我的情況下四處閒逛，那些我素未謀面的陌生人也在沒有我的情況下四處閒逛。每個人都在努力創造個人神話。二線演員與名人健身教練開始集中在冰島。穿著闊腳帆布褲的漂亮女人正在做美妙的事情：製作糖果和陶器，以手繪圖案為公寓貼壁紙，把優酪乳淋在所有食物上，吃早餐沙拉。演算法告訴我，我的審美觀是什麼——跟我認識的所有人一樣。

那些平台是為了容納及擷取無限資料而設計的，刺激我們不斷滾動瀏覽器的捲軸。它們鼓勵一種文化衝動，鼓勵大家以別人的想法來填補所有空閒時間。網路是一種集體咆哮，是一種讓每個人都能證明自己很重要的出口。社群平台上充斥著各種人類情緒——悲傷、歡樂、焦慮、庸俗在網路上橫流。人們什麼也沒說，也一直在說。陌生人對其他陌生人吐露心事，以換取外行的心理建議。他們對彼此透露各自的不忠與失禁的故事；臥室內部裝潢的照片；逝去多年的家人照片，雖已褪色，但依然珍藏；她們流產的照片。人們把握每個機會，出賣與自己相關的資訊。

資訊與暫時性撞在一起。鄰里布告欄裡，貼出了包裹失竊與浣熊潛入垃圾回收區的消息，布告欄上方的黃色警示燈持續亮著；在ＡＳＭＲ[49]影片上滑動的一九九〇年代饒舌歌手的ＧＩＦ動畫；整個國家對恐怖攻擊與校園槍擊事件的認知，與真人實境

49　譯註：ＡＳＭＲ是Autonomous Sensory Meridian Response（自發性知覺高潮反應）的縮寫，簡稱「顱內高潮」。這類影片大多是製造特殊的聲音、對著麥克風輕聲細語、摩擦、敲擊等等，這些聲音可讓人產生所謂的ＡＳＭＲ反應，使頭部產生刺激、酥麻感。

秀的深入討論及雞腿的爆紅料理方式，一起出現在訊息中；國家組織的帳號為人權問題捍衛公民自由活動的訊息，出現在獨立音樂家爭取擬人化牛仔褲品牌贊助的上面。各種事情在同一時間即時發生，並永久為後代子孫留下記錄。

我在網路上閒逛時，常不知不覺看到陌生人的巴西莓果碗（Acai Bowl）；或觀看瘋狂的腹部運動影片（但沒有核心肌肉群可以照著做）；或放大亞斯本（Aspen）某家酒窖的照片；或觀看某人親手製作迷你烏龍湯麵的影片，然後開始納悶我到底在做什麼。我的大腦變成了垃圾漩渦，持續冒出一個接一個的圖像。但話又說回來，我本來不知道酒窖長什麼樣子。

我像醉漢一樣在網路上顛簸而行，不斷切換頁面：裝飾小空間的點子；作者訪談；蛋糕糖霜的影片；文藝復興時期的畫作搭配女權主義的標題；貓吃檸檬；鴨子吃豌豆；魯哥寶機械（Rube Goldberg machine）[50]；《靈魂列車》（*Soul Train*）節目[51]；一九七〇年代的網球賽；波希特帶（Borscht Belt）喜劇[52]。我出生以前在體育場開的演唱會；求婚、軍人返鄉與家人團聚、胎兒性別揭曉——我不認識、也永遠不會認識的人之間，那些令人振奮的親密時刻。

內地的一名陌生人把一隻虎斑貓放在浴室的鏡子前面，虎斑貓一副垂頭喪氣的樣子。那女人說：「打個招呼吧，說『嗨！』。」

貓說：「嗨。」。

一個陌生人在鋼管上跳舞，一個嬰兒緊抓著她的小腿。

一個陌生人（鏡頭中看不見他的身體）用手慢慢地刮肥皂。

一個陌生人在尼斯的一座城堡中結婚了。

一個陌生人把一個女人當作壺鈴，做了一組擺盪壺鈴的動作，過程中一隻狗在沙發上舔著自己的身體。

• • •

我尋找答案、藉口、脈絡、結論：定義「技術專家政治」（technocracy）；加州意識形態；傑佛遜式民主（Jeffersonian democracy）；電子市集；伊波拉病毒；國家口號；新

50 譯註：一種設計得過度複雜的機械，以極為繁複又迂迴的方法，去完成實際上或看起來可以輕易做到事情。

51 譯註：美國的音樂綜藝節目。

52 譯註：指美國紐約上州一個夏季度假區地帶，一九二〇年代至一九七〇年代，這一區曾是紐約猶太人喜愛的度假地，許多猶太喜劇演員和音樂人的演藝生涯從這裡開始發展。

黑痣；狸貓；女權主義色情；女權主義色情不煩；什麼是火腿罐頭；幾歲讀法學院太老了；最好的法學院；法學院先到先審制；伊斯蘭國；絲綢睡衣；手肘保濕霜；不會縮水的羊毛衣；什麼是「吃播」（mukbang）；定義「感染力」；定義「上層建築」（superstructure）；「失業型復甦」（Jobless recovery）；白噪音；北極冰層破裂；古巴旅遊；如何按摩自己的肩膀；低頭族頸部痠痛（text neck）；缺乏維他命D；自製蠹蟲陷阱；租金計算機；何時出現超級大地震；催眠咬指甲；香港抗爭；洗碗機內部的影片；弗格森槍擊案起訴（Ferguson indictment）；父母童年住家的衛星圖像；前男友樂團的團名；那天晚上太陽下山的時間。

我看了一九六〇年代的反戰抗議影片；我十幾歲時參加的反戰抗議活動的影片；詳細描述失蹤客機的陰謀論影片。我甚至看了我不知道該怎麼搜尋的影片：走出荒野的熱帶雨林隱士；得到神祕DNA測試結果的雙胞胎；胎兒性別揭曉！！（跳舞）；最好笑的開箱失敗例子與爆笑瞬間；技客的魔術把戲；〈我的兒子是校園槍手：這是我的故事〉；如何做背摔（摔角的招式）。

有時我會擔心我的上網習慣，於是強迫自己離開電腦，去看雜誌或書籍。當代文學也救不了我：我會在散文中看到雜亂無章的資料點，微妙的歷史連結，以及細膩到令人起疑的細節安排（那肯定是某個夜晚瘋狂使用搜尋引擎的結果）。格言金句正夯，作者紛紛上網。我挑一些社群媒體上很紅的書來讀，卻發現那些書本身就有策展效應：簡介很誘人，但內容乏善可陳，以名言金句作為包裝，彷彿刻意弄皺的床單或精心放置的大麗菊花束。

我翻頁時心想，喔，這個作者也沉迷網路。

• • •

只有我與我的帳號，在網路上閒晃，不斷地點擊。

客服問題陸續進來，像極了拍打蒼蠅。

我重新載入新聞網頁，刷新社群媒體，重新載入嚴密監控的留言板，不斷滑動頁面，滑動，滑動，再滑動。

總之，時間免不了就這樣流逝了，沒留下什麼記憶。

二三　談「錢」就俗氣了

一個悠閒的夜晚，我坐在總部的沙發上工作，筆電螢幕跳出前東家的執行長發來的即時訊息。我頓時感到一陣恐懼：我們沒聯絡了啊。我提醒自己，我不再為他工作了，我不欠他什麼。我沒必要回應，現在不必，以後也不必。

「嗨！」我馬上回應了。

執行長說，他有個提議。我本能地拿起筆電，閃進哺乳室，那裡最近貼了一塊牌子，上面寫著：「WORD TO YOUR MOTHER'S ROOM」〔53〕。我覺得很可笑，我在躲誰啊？我的老闆住在阿姆斯特丹，又沒有人看我的電腦，我也沒在哺乳。但那椅子是長毛絨的，很舒適，而且房間昏暗又暖和。

執行長寫道，他的公司正在另組一支行銷團隊。他問我，想不想回去做內容？他指出，我以前就對內容感興趣，也很熟悉產品。他寫道：「我想看看你是否還喜歡這個想法。」

我心想，喜歡啊，但不必了。

我想起門外的同事，他們在瑜伽課後聚會，吃著爆米棒。我躲進哺乳室時，一名開發工程師赤腳坐在沙發上，彈著沒插電的電吉他。在這裡根本像度假，唯一的差別是，一整天下來，我幾乎沒跟任何人當面說過話。

執行長又寫道：「我們現在規模更大了，跟以前不同。」接著又補充：「不是非常不同。」我欣賞他補上的但書。我先謝謝他，接著說我會好好考慮。

當晚我告訴伊恩那個提議時，他提醒我：「上次你做內容時，他們不想付錢給你。所以你沒必要證明什麼，你是真的在考慮嗎？」

「我沒有認真考慮。」我謊稱。

我說，當初是我自己決定離職的，但我依然覺得自己是被趕走的。如果能用我的方式來抹除那種失敗感（亦即向執行長證明，也向我自己證明，我屬於那裡），那也不錯。伊恩眯起眼睛看著我，他說：「我覺得你對這件事情的執著，不會獲得任何回報。如果你想寫東西，你應該寫一些你關心的事情，而不是寫如何運用行銷漏斗來幫用戶熟悉系統之類的。」

53 譯註：word to your mother 源自於 word to the mother，是非裔美國人問候的方式，原意是「給予祖國應有的尊重」，這裡的 mother 是指 motherland（祖國）。但後來已經沒有什麼意義，甚至可以濃縮成 word 一個字，純粹用來附和別人說的話，彷彿是說「你說的沒錯」、「就是啊」、「對啊」。

「那可能是肩負起一個產品、擁有產品的好機會。」我說得毫無說服力。我無法想像執行長讓員工擁有任何東西。我說：「我可以建立一個產品組合，那可能很有趣。」我倆意味深長地交換了一下眼色。伊恩說：「沒那麼有趣。」

• • •

我去了一趟紐約。上次回老家，我還在資料分析公司上班，那時覺得紐約市有許多路沒走過。以前的我好像懂什麼似地走來走去，批評那個科技導向的自我，試圖說服自己相信我犯了個錯。這一次回來，我覺得輕鬆多了。我從兒時的臥室登入系統上班，每天早上六點到下午兩三點，都掛在線上處理公務。我見了大學的朋友，沒試著招募任何人。我陪母親喝咖啡，直到咖啡喝光或變涼。我去祖父母的公寓造訪他們，那公寓幾十年沒變了。我試著騰出地下室的儲藏空間，從裡面挖出有手縫補丁的舊飛行員夾克、大學時期的寫作，以及一罐當初為了千禧蟲而準備、如今已存放十五年的剝皮馬鈴薯。那些活動平凡無奇，但感覺很好，我感覺到回歸自我。

回老家的感覺很奇怪，但現在多了從科技業賺來的錢。我請朋友去一些餐廳吃飯，那些餐廳是以前我在文學經紀公司上班時，從老闆那裡得知的。我們不僅用餐，也點了酒。午夜之後，我們搭計程車回家，而不是等地鐵。某晚，我到西村一家空調特強的酒吧消磨時間，吸著西西里綠橄欖，開始天馬行空地思考。我想起我和諾亞的一次交談，他說加入科技業既是一種個人失敗，也是對其家鄉新身分的一種妥協。他說，金錢讓他得以進出舊金山日益成長的私人空間社群，那些社群已占據那座城市的大部分。金錢是進入那些社群的鑰匙。

我的一生幾乎都在紐約度過，但是我當初成長的城市已不復存在。面對城市蛻變，當然有一些抵制者。例如，我大學放假期間去打工的書店（那裡散發著貓的氣味）、某些文化機構。但我兒時熟悉的社區，現在遍布著餐廳和精品店。餐廳裡播放著由許多因素決定的音樂；精品店靠知名的地點牟利，我覺得好笑又陌生。這個城市的新樣貌令人費解又困惑。誰想要這樣的城市？這是為誰打造的？

在布魯克林的北部，我向一位書商詢問濱水區的新建築。書店裡擺滿了大部頭的藝術書籍，很容易想像它們被放在玻璃牆公寓的玻璃咖啡桌上。我找不到想讀的東西。我問道，住在那些新建築裡的是什麼樣的人？書商聳了聳肩，把一堆沒有橫線的筆記本擺正。「在華爾街上班的人吧，做避險基金之類的。」他說：「或科技業的人。」科技業的人，我心想，這裡也淪陷了。

我知道，改變是城市的本質。我努力不讓自己覺得這個城市好像是我自己的。我父母在一九八〇年代初期搬到布魯克林，他們曾是改造這區的外來客，就像我花了四年侵蝕波蘭和波多黎各的綠點（Greenpoint）〔54〕一樣。我知道我在西岸正在做同樣的事，不管我告訴自己多少次那只是暫時的。在美東與美西兩岸接受自己的共謀身分，仍是一種被動的行為，沒改善任何東西。

這個城市看起來愈來愈像個放諸四海通用的概念，或許那是某房地產開發商的想法，他們覺得富裕的大都會就應該長這樣。開發商能把任何公司建造成公寓。各行各業的新貴財大氣粗。這裡有許多共同工作的地方與高級沙拉店，許多毫無生氣的新建築只有狹窄的陽台。走過布魯克林的市中心，時間的力量正向前翻滾。有那麼一刻，我覺得自己或許能深刻體會，我在長居舊金山的市民身上所看到的憤怒與悲傷。

• • •

返鄉之旅快結束時，我和朋友莉雅去看了一場表演，演出的是我們都認識的一名音樂家兼編舞家。演出既美好又奇特，也令人不安。看著舞者在黑盒子劇院的地板上輕輕地翻滾，我不禁哭了起來，拿起節目單擦鼻子。我覺得感動、輕快、更有活力，也對朋友深感佩服——佩服他在這個幾乎不重視創意工作的文化中創造藝術，佩服他靠此為生，佩服他的優雅與信念。我瞥了莉雅一眼，以抑制激動的情緒。我看到她雙手托著下巴，比我莊重多了，但她一樣看得目不轉睛。

那場表演連續上演兩晚，可能是預先錄影的，但感覺好像只為我們兩人演出似的。演出結束後，編舞家來到劇院的大廳，滿臉通紅，羞澀地接受以牛皮紙包起來的花束。有些人身穿著結構上充滿創意的衣服，他們在現場逗留，喝著塑膠杯裡的葡萄酒。我們親吻了編舞家，並向他道賀，接著就拖著腳步離開，讓周邊等候的朋友上前與他寒暄。

我們離開劇院去吃漢堡時，我感到愈來愈沮喪與怨恨。我之所以沮喪，是因為我覺得自己困住了。我感到怨恨，是因為我困在一個產業裡，而那個產業正在蠶食我關心的許多事物。我不想成為忘恩負義的人，但我實在不懂，為什麼我為一家創投資助的新創企業寫客服電郵，獲得的經濟穩定與報償，要比創意工作或公民貢獻還多。這些都不是新鮮事，科技也沒有破壞高收入藝術家的黃金時代，但我還是覺得這很新鮮。莉雅為我們叫計程車時，我對她說出這些心聲，發誓刪除廣告攔截軟體與音樂app。

我們搭的車子隆隆地駛過威廉斯堡大橋（Williamsburg Bridge），開往莉雅工作的餐廳時，她問道：「為什麼你不乾脆離開，去找你感興趣的其他工作呢？」

我說，為了錢與健保——還有生活方式。我從來不覺得自己有什麼生活方式，但

54 譯註：綠點區是布魯克林最北的社區，一個多世紀以來一直是移民聚居地，保留著強烈的波蘭風格。

我當然有，而且就我現在所知，我很喜歡這種方式。科技業創造了一個世界，它正把我變成那個世界的完美消費者。科技業不僅影響了休閒、方便取得的美食與私人交通、豐富的個人娛樂等等，也影響了職場文化：矽谷做對了什麼，在那裡的感覺如何。你可以感受到，你被那些能言善道及慾望容易滿足的人包圍起來的能量，感覺一切似乎唾手可得。

我問莉雅，我是不是太想讓「在矽谷工作」這件事變得有意義了？難道我已經相信矽谷描述自己的那一套了嗎？我試著歸納矽谷那種瘋狂、自以為了不起的工作文化；每個人都在優化自己的身體以延長壽命，以便提高生產力；你不能承認一份技術工作只是交易，不是什麼崇高的使命或了不起的工作，那會惹惱別人。這方面，科技業與圖書出版業沒什麼不同：說到「為錢工作」，就感覺那好像多麼罪大惡極似的。雖然那可能不是科技業獨有的——那甚至有可能是某個世代的通病——但那種刻板印象太自以為是了。

我問道，為什麼像多數人那樣對待工作，把工作當成以時間與勞力去換取金錢，在大家看來是那麼大的忌諱？為什麼我們要假裝一切都很有趣？

莉雅點了點頭，卷髮跟著搖動。她說：「的確，但我不知道你是不是在強迫自己做那個工作。你可能一輩子都在做客服。」她伸手握住我的手腕，接著把頭靠在窗上。

她說：「你可以好好享受生活。」窗外的城市飛馳而過，橋上的電纜閃爍著，像系統出現延遲或小故障似的。

• • •

一週後，我在機場等候回美西的班機時，站在隊伍前的一個男人引起了我的注意。他看起來很面熟，貌似遠親或某人的丈夫。我拖著腳步湊上前去，塞爆的背包肩帶壓入我的肩膀，我突然意識到，他是那家電子書新創企業的執行長。站在他旁邊的是產品長與技術長。在航站的強光下，他們三人看起來簡潔俐落，精力充沛。他們的隨身行李大小適中，非常乾淨。我才剛在美食廣場狼吞虎嚥一個火雞三明治，意識到自己身上有一點芥末味。但由於他們態度良好，我放下了戒心。

我熱情地一一問候他們，有點驚訝他們竟然還記得我——畢竟，我離開兩年多了。對新創企業來說，兩年有如十年般漫長，我根本已經是古老的歷史。這家電子書新創企業已經成長起來，後來又籌集了一千七百萬美元並擴編人力，納入女性與編輯人員。公司甚至出了一本線上文學雜誌，我盡量不把它放在心上。我不禁好奇這三個創辦人以前是否真的喜歡我，我也好奇他們是不是坐商務艙。

「你現在在哪裡高就？」執行長以他特有的熱情問道。我為自己沒有跟他們保持聯繫感到愧疚，不過，我覺得更糟的是，我無法告訴他我創業了，或至少說我在一家創投公司當基層分析師。我說我在那家開源新創企業上班，三名創辦人似乎表示認同。接著，我提到我是做客服時，他們的臉色變了，不過出於禮貌，表情算是中立。之後，我又淡淡提到，我開始寫書評了，我為一本雜誌寫了幾篇書評。我母親曾以粉絲的口吻，形容那本雜誌是「意識形態左派的自言自語」，但現在那本雜誌的新主人──那個身價億萬、人人討厭的社群網站的聯合創辦人──把它徹底摧毀了。我知道這三位創辦人熟知那位身價億萬的新老闆，他們似乎不太可能讀過那本雜誌。他們聽我提到那本雜誌時，認同地點了點頭。

他們對於前往灣區的計畫含糊其辭，說他們只是去開一些會議。我問他們有沒有空檔，他們說這次去一下就馬上回紐約了。我心想，好吧，是為了談生意。我究竟在想什麼？難不成我要帶他們再做一次實地考察嗎？我根本是痴心妄想。幾分鐘後，我跟他們道別，回到剛剛排隊登機的隊伍後面。

幾個月後，我瀏覽公司那個嚴密監控的留言板時，終於明白當時他們為何含糊其辭：那家電子書新創企業正在關閉服務，他們可能是去舊金山和投資者見面，準備善後。那家公司已經被搜尋引擎巨擘收購了，據傳人才收購（acquihire）的價格高達美金八位數。

・・・

我回到舊金山後，強烈感受到這座城市的美，以及審美觀的轉變。我遇到的知識型員工中，有一半穿著和我一樣的薄羊絨衫，戴著同樣的輕型眼鏡。有些人的膚色跟我相同，粉底色也一樣。我們抱怨同樣的背部問題，那都是由同樣的記憶泡沫床墊引起的。我們的公寓裡擺著相同的家具，室內都漆成白色，都用同樣的陶瓷花盆來養同樣不太需要照顧的植物。

效率是軟體的核心價值，也是這世代的消費者創新。矽谷也許提倡個人主義，卻大規模地創造了同質性。由創投資助、直接面對消費者的電商，雇用了能言善道的廣告撰稿人，以便向富人與信用額度過度擴張的人推銷產品，我們似乎都在洗耳恭聽。

那些直接面對消費者的公司，銷售棉質T恤、牙刷、橡膠樹、止癢膏、護膚霜、皮包、代餐、行李箱、亞麻製品、隱形眼鏡、餅乾、染髮劑、運動休閒用品、手錶、維他命。在美國的任一個夜晚，都有疲憊的父母與新年下定決心自己煮菜的人正在開箱。那些箱子長得一模一樣，裡面裝著簡餐新創企業寄來的快享餐包。消費者打開後，坐下來吃一模一樣的菜。為了消除決策疲勞，同質化只是小小的代價，這樣我們才能把心思放在其他事情上（例如工作）。

聽了兩名基礎架構工程師的推薦（他們倆似乎在一夕間對矯正鞋很熱中），我訂了一雙毫無修飾的單色美利奴羊毛運動鞋。之前，我在咖啡店、無現金餐車的排隊人龍、我的社群媒體動態廣告中，都看到那雙鞋子。它看起來像孩子塗鴉的畫作，簡化到最陽春的樣子，但穿起來極其舒適。我不知道穿它們出門是一種極端的自尊表現，還是恰恰相反。我一直把那雙鞋擱在公寓門口沒穿，那是審美觀壞死的紀念。

二四　網紅說的都是對的

某天早上，我在微網誌上消磨時間時，跟一家新創企業的創辦人爭論了起來。他向七萬名跟隨者主張，書籍應該變得更簡短、更有效率。他的推文寫道：「很遺憾，這個世界不多多推崇簡潔。把書籍變得更精簡，能有效提升我們的學習率。或者，你也可以說，如今這種無效的誘因可能使你的學習率減半（甚至減更多），真氣人！」

我確實很生氣，氣那些跟他很像的科技創業者似乎先天就無法抗拒蠶食音樂、書籍、次文化——各種讓生活變得有趣的事物。閱讀不是只抓綱要而已，科技業對效率的迷戀實在太可悲了。我心想，不要鼓動你的跟隨者。我截取了那則推文的截圖，加上一點評論：科技業應該停止毀滅我熱愛的一切。

我在社群媒體上的發文，通常只和一小群朋友開一些書籍的玩笑。但那則推文發出不久，大家開始轉發，這令我恐慌了起來。我不習慣有一群觀眾看我寫的東西，也不希望有觀眾。最好是默默地發文，沒人看見。況且，我難道沒其他更有意義的事情要做嗎？

我點進那個創辦人的個人資料頁面，他寫道：「樂天派，可錯論者（fallibilist）〔55〕，執行長。頭像是一張專業的大頭照，肩膀前彎，鎖骨露出寬鬆棉T的領口。我知道其他拍這種專業大頭照的人，大多是抱著演員夢，需要為好萊塢的電影和抗酸劑廣告試鏡，但他看起來還真有可能試鏡中選：他長得帥氣，有一種沉著的氣質。我幾乎可以聽到攝影師建議他把眼神放柔和一些，以便看起來專注但有同情心。

我不禁好奇，他是怎麼樂天法？是憨第德（Candide）那種樂天、傑佛遜（Jefferson）那種樂天，還是奧斯卡．王爾德（Oscar Wilde）那種樂天？我查了一下王爾德的樂天名言：「樂天的基礎是純粹的恐懼。」感覺應該是屬於這種。我查了一下「可錯論者」，結果連到一個談哲學與中世紀數學真理的網站。

我搜尋這個執行長的名字時，搜尋引擎的自動填入功能顯示「女友」和「淨值（身價）」這兩個詞。在社群媒體上，他認真地發布了物理學家與科技界名人的生平，也分享了他跑步及騎單車時拍下的大量風景照。他比我年輕，但這點在矽谷似乎已經變得理所當然了。

就在我打算關閉搜尋結果時，我看到一張他十幾歲時的照片。照片中，他穿著天主教學校的制服，領帶塞進毛衣裡，揮著一個著名科學競賽的獎盃，洋溢著有點靦腆的自豪神情。他那樣子就像我高中時期的朋友，我不禁對筆電上的照片露出微笑。

儘管執行長沒有回應我那則推文，我仍補發了一則，附上一句道歉，並把他tag加入我那則自言自語的推文中。他很快就回我了。我們繼續以電郵討論我們的意見分歧，後來他在電郵中邀我共進午餐。

幾週後，我從公司騎單車到他位於教會區的辦公室。我抱著青少年般的狂妄自大，以及虛榮的救世主情結。我想到，我能夠影響社群媒體上的網紅，我不僅要好好發表我的看法，還要介紹他一些藝術。我帶了一小疊書去給他，那些書都支持我的審美觀或政治觀，我也覺得那些書都符合他的興趣，因為它們都很精簡。最上面那本是《廢除監獄的可能性》(*Are Prisons Obsolete?*)。我對這本選書特別沾沾自喜。我騎車穿過蘇馬區，慶幸自己對掌權者說出了真相，反抗威權。

執行長在接待處與我碰面，並自我介紹他叫派翠克。他身材削瘦，滿臉雀斑，有一雙冰川般的眼睛，頂著一頭蓬鬆的卷髮——不像大頭照看起來那麼嚇人，比較平易近人。他穿著跑鞋和一件輕便的運動外套。我們走到一家咖啡館，坐在外面的長椅上，吃著扁豆沙拉，回顧我們在微網誌平台上的對話。

令我驚訝的是，我竟然喜歡他。他喜歡挖苦人，但很有魅力。他能言善道，語意

55 譯註：可錯論者主張，絕對肯定任何知識是不可能的，或至少對於知識的所有宣稱在原則上都是錯誤的。

完整。我們交流了在「淘金潮中的鐵鎬」公司工作的經驗、閱讀的書籍、童年的故事。他告訴我，他在鄉下成長時，曾跟著一名修道士學古希臘文。他也提到，第一次創業與這次創業之間所經歷的失落時光。後來，我在媒體訪談中看到他重複提到那些故事時，覺得自己有點被騙了：我不太習慣那些老是講同一套發跡故事的人。不過，話又說回來，我也不習慣和那些經常被問起這類故事的人在一起。

我告訴他，我也在寫書評。他問我，是不是想全職做那件事。我說，那不是工作。我開玩笑說，新創企業提供的健保就像金手銬一樣。他問我，健保是不是阻止我離職去追求目標的唯一原因。我說，不是（我擔心他會出錢要我辭職）。阻礙我追求目標的原因是，我根本不知道自己的目標是什麼。

「啊！」他說，拿餐具推著容器裡的扁豆。我迅速提到，我希望職業生涯達到一定的水準。我希望工作有足夠的動腦機會，我希望和聰明、有好奇心的人共事。我想做長期的專案，想讓它變得很重要。我提起過去十四年接受的文科教育，以及想要晉升中上階級的夢想時，派翠克在一旁耐心地聆聽。接著，我們靜靜地坐了一會兒，凝視著街道，我的茫然就像一種累贅。

我們一起走回我停放單車的地方。當我們站在派翠克的辦公室門口，我把《廢除監獄的可能性》遞給他，他突然興致高昂了起來。他說，他對美國的監獄產業複合體

（prison-industrial complex）〔56〕非常感興趣。美國的監獄是現代社會的一大恥辱。他說，歷史會證明我們是錯的，歷史是對的。我得知他從大學退學時，主動提議跟他分享我參加一場談監獄國家的研討會摘要。他禮貌地啜飲了一口冰茶的殘渣。

隨著員工經過，我們之間的能量也轉移了。那讓我想起我們之間的鴻溝：派翠克經營一家公司，我負責把侵權的東西下架，幫用戶解決帳戶凍結的問題。我曾在網路上酸他，他卻請我吃午餐。他是高尚的代表，我既卑微，也不專注，只是個毫無目標的無名小卒。我不禁好奇他是怎樣的老闆。

我們又握了握手，就像面試結束時一樣，並說好保持聯繫。看來我再也見不到他了，儘管如此，我還有很多問題、很多事情想跟他談。一個主張廢除監獄又懂古希臘語的人，不太像科技公司創辦人的典型。我騎車上坡，朝我的公寓騎去，經過遊民集中的帳篷區與老舊的電車，在霧中穿行。

•••

留言板上的評論者正在爭論：究竟是努力工作比較值得，還是聰明工作比較值

56　譯註：監獄產業複合體是一種監獄外包制度。

得。他們以驚人的方式來量化質性的東西：簡單的數學。某個資料科學家（我從來沒聽過他上班的那家公司）貼出以下算法：「週一到週五是一週的七一％。七一％的努力是無法完成工作的。」我躺在床上，光著身子使用公司發的筆電，一邊看那些男人爭論，一邊注意有沒有客服問題需要處理。

他們爭論是否真有職業倦怠這回事，也爭論職業倦怠的經濟報酬。他們分享一些科普文章的連結，文章內容是談拖延症的創作潛能。他們欣賞中國的九九六工作制：早上九點工作到晚上九點，每週工作六天。他們考慮了陪伴年幼孩子成長的價值，有些人說某些成長期比其他時期更重要。

他們討論配股在生態系統中的角色，以及攢夠「去你媽的基金」（fuck-you money）的誘因。一個男人寫道：「那是為了獨立，為了個人冒險的自由。」我想到風險時，不會想到金錢，不管是我的或別人的。對我來說，月經期間穿白色牛仔褲、在飛機上喝咖啡、搭便車、體外射精等等才是風險。但那些男人不是在跟我交談，也不是在談論我，向來不是。一名自稱是頂尖績效者的人寫道：「那是為了影響力。有了那筆錢，主管與董事會都不敢對我太囂張。」

「去你媽的基金」是一句流行語，一種動力，一種生活方式。對那些在網路上泡在自由主義淺水區的人來說，那是純粹的美國自由。一名新創企業的創辦人在公司的部落格上寫道，那是一種心境，一種態度。那雖然是一筆錢，但不是為了錢。至少，達到某個門檻後，就真的不是為了錢了。

某個後來遭指控性騷擾的創投業者附和說，「去你媽的基金」在泰國好用多了。根據他的計算，一百萬美元在東南亞地區就已綽綽有餘。他寫道：「也許幾十萬美元就夠了。」

這時旁邊又有人爭論，對新創企業的員工來說，經濟收益——賺到「去你媽的基金」，那根掛在棒子前面的美味胡蘿蔔——是不是正確的激勵因素。一名男子（他的帳號名稱讓人聯想到虛構的動物）寫道：「我不認同那個前提，你是在暗示工作的唯一目的是為了錢嗎？」

• • •

後來，我確實又跟派翠克見面了。有一次我們在網路上再度出現歧見，後來約在伯納爾高地（Bernal Hill）遠端的一家餐廳共進晚餐。還有一次是因為談話未結束，我們約在教會區共進晚餐。第三次是在外日落區（Outer Sunset）共進晚餐，這時我們已經培養出一種近乎家人般的友誼，可以自在地鬥嘴。

我對創業階級的預期本來很單純，但派翠克的出現讓我開始覺得，創業階級難以捉摸。他沒有表現出想在大會舞台上昂首闊步、或當數位意見領袖的強烈慾望。我也很難想像他欺負員工或喝酒。我有幾個朋友看到他時，誤以為他是研究生。我們幾乎沒有共同嗜好——某晚行經一個DIY場所時，他看到一群站在外面的藝術龐克小子，淡淡地說：「這就是年輕人搞怪的地方啊。」——但我覺得這樣挺放鬆的，沒有偽裝，沒有裝腔作勢。他戴著細框的近視眼鏡，看不出屬於任何次文化，而且非常聰明。我總是想知道他有什麼看法。

我們通常在比較高檔的新美國餐廳見面，他能在那種餐廳輕鬆訂到當天的餐位。這些餐廳裡充滿了天然纖維與天然植物膠的氣味，還有不顯眼的植物群，以及穿著亞麻洋裝、身材窈窕的女服務生，還有三、四十歲的男女伴侶（女人穿著扎實的短靴，戴著樸素的訂婚戒指；男人通常穿得好像要橫越冰河似的）。這種地方總是至少有一桌新創企業的員工，他們一起出來用餐以培養感情，通常選擇坐在不會過度影響氣氛的角落。

舊金山正經歷一場烹飪復興，大家爭著吸引科技新貴的關注。大廚不是相互競爭，而是在對抗高檔的公司自助餐廳、休閒速食、外送app所造成的冷漠。為了讓自己與眾不同，他們採用極端的手法，例如：把炸鯷魚變成珍饈；發送酸麵包時，像上帝賜予神奇食物一樣。就連食物也很瘋狂：乳酪盤藏在桌上蠟燭的下面，等用餐結束時才亮出來，那時乳酪已完全軟化。整隻鵪鶉放在一條麵包裡烤熟。在餐廳用餐是一種高強度的感官超載體驗：煙燻玉米皮茶碗蒸，醃製的薯條，布拉塔乳酪裡包著青豆與櫻桃。有些食物是廚師要求一定要用手進食的，有些食物在社群媒體上爆紅，還有一些食物只是為了存在而存在。

在這種高檔餐廳共進晚餐幾次後，我們的友誼開始有點正式化，我們嘗試了其他活動：早上六點去健行，七點一起吃豐盛的早餐。後來我才意識到，晚餐是派翠克的消遣方式，那是他的時間表中唯一的私人時間。

質問每個人和有權有勢者是什麼關係很簡單，除了我以外。其實我不在乎派翠克是公司的經營者，但我知道其他人會關心。他願意跟我做朋友，讓我受寵若驚。我也很訝異他投入那麼多時間與精力。這也帶出了我個性中無法引以自豪的一面。有些事情我其他朋友做的話，我會指正他們，但我放任派翠克那樣做：他不是可靠的交流對象，有時可能唐突無禮；他會為各種專案徵詢詳盡的意見，但別人花了不少時間提出意見，他卻連謝謝對方都忘了；他找我的摯友去面試卻放他鴿子，我覺得既丟臉又惱火，但我什麼也沒說。但派翠克有電話要接，有會議要開，有時區要應付，有航班要趕，有團隊要管理，有高管要招募，有投資者要取悅。他的時間並沒有比我的時間寶貴，他的生命也沒有比其他人的生命更重要——只不過，按照掌管這個生態系統的條款來看，他的時間確實比較寶貴，他的生命確實比較重要。

• • •

走路穿過教會區去跟伊恩共進晚餐的途中，我遇到那家資料分析公司的一名客服工程師。他擁抱我說：「我的戰友！」他聞起來像芒果味的電子菸。我笑了，沒意識到他是認真的。他繼續說：「我們以前同甘共苦。你哭得唏哩嘩啦、彷彿世界末日時，我把你擁入懷裡。」我喜歡他，但我不記得我在別人懷裡哭過。我哭的時候總是很小心，躲進洗手間暗自哭泣。我很確定沒他講的那回事，我這樣告訴他，他聳聳肩說：「你怎麼會記得呢？在那種環境中，發生這種事情很正常啊。」我沒有告訴他，我最近曾考慮回去。

我們站在街上，手插在口袋裡，讓路給通勤者與購物的人，也讓一位女士推著裝滿家當的推車經過。客服工程師告訴我，他已經離開公司了，那名自學成才的天才技術長也離開了。

「我聽說他把一些配股賣回去了。」客服工程師繼續說道，「他肯定馬上變成百萬富翁。」其實這有一個問題：我們無法知道他是否真的把配股賣回去，從而賺了好幾百萬。不過，這說法似乎很有道理。想到我們認識且喜歡的人夢想成真了，我就激動不已。雖然技術長的頭銜是管理職，但我一直把他當成我們之中的一份子。

我問道：「你認為他下一步想做什麼？」我很好奇技術長會不會開始開發自己的遊戲，我為他感到興奮。

客服工程師想了一會兒，接著說：「問得好，我覺得他什麼也不想做。」

二五　內容審查

我加入一個名為「服務條款」（Terms of Service）的新團隊。公司之所以成立這個團隊，是因為有一些令人反感的東西，引發了半法律的問題與申訴，而那些問題與申訴塞爆了客服專線。這個開源平台的核心，是提供檔案託管服務：使用者可以上傳文字、圖像、動畫、文件。這個介面可能令那些不做程式設計的人望而生畏，但是用戶使用及濫用這個公共產品的情況，就像其他依賴免費使用者生成內容的社群技術一樣。

服務條款團隊負責處理侵權下架、商標侵權、垃圾郵件，以及用戶死亡與違反兒童線上隱私保護法（COPPA）的情況。我們接下「危險物」（Hazmat）小組的工作，評估暴力威脅、加密貨幣詐騙、釣魚網站、自殺訊息、陰謀論。我們對繞過防火牆的報告感到困惑；用翻譯軟體解讀聲稱來自俄羅斯政府的電子郵件，然後附上一堆問號的表情文字，轉給法務人員處理。我們篩檢騷擾、復仇式色情、兒童色情、恐怖主義內容的報告，並知會更熟悉技術的同事，請他們檢查惡意軟體及據稱有惡意的程式碼。

我們被逼得不得不變成內容審查員，並且發現我們需要內容政策。我的隊友個個思考周到且頭腦聰明，他們有主見，但公平。然而，為一個平台發言幾乎是不可能的，我們之中沒有人特別有資格那樣做。我們希望謹慎行事：開源軟體社群的核心參與者對企業監管很敏感，我們不想像老大哥的監管部門那樣過度干預，破壞任何人的技術烏托邦理念。

我們希望站在人權、言論自由、表達自由、創意與平等的那一邊。與此同時，這也是一個國際平台，我們之中誰能就國際人權問題闡明一致的立場？我們坐在自己的公寓裡，打著從一家消費性硬體公司採購的筆電。那家公司標榜職場遵循多元性及自由主義的原則，但在剝削勞力的中國工廠中生產產品，使用剛果兒童開採的銅與鈷。我們的夥伴都來自北美，都是二、三十歲的白人，這些特質都不是個人的道德缺陷，但它們毫無助益。我們知道我們有盲點，那些特質依然是盲點。

我們很難劃清界限。我們試圖區分政治行為與政治觀點，區分頌揚暴民與美化暴力，區分評論與意圖。我們試圖解讀酸民的諷刺手法。我們也犯了一些錯誤。

當然，做出決定與辨識內容一樣複雜與微妙，也因內容詮釋而異。連色情也處於灰色地帶：乳頭算不算色情需要看脈絡，但我們無意像清教徒那樣嚴苛。女性哺乳的藝術照，和動漫人物從誇張的乳房噴出乳汁的頭像，是不同的。但藝術究竟是什麼，我們憑什麼去定義藝術？

我們會互相提醒意圖很重要。例如，檔案庫中包含性教育網站的資產，應該是可以接受的。與此同時，這個平台也具有教育意義。我們並不希望那些尋找「程式包管理器」的人，突然發現裡面是生殖器的資料夾。

我有時會懷疑，管理團隊知不知道平台上有色情或新納粹胡言亂語，或者他們知不知道意圖良善的客服部員工當初是因為有「良好判斷力」、「注重細節」等無形特質而招募進來的，現在卻不斷纏著法務人員去定義及執行公司對言論自由的立場。

公司裡的多數人似乎都不知道，我們的工具遭到濫用的情況有多常見，他們甚至不知道有我們這個團隊。這不是他們的錯——我們本來就很容易遭到忽略。畢竟，我們才四個人，卻要面對這個平台的九百萬用戶。

• • •

聊天頻道仍持續增加，例如Latinx、Neurodiverse、40+、Octoprentices、Octoqueer、NB、Blacktocats等等。那位負責公司多元性與包容性的顧問，如今已經變成全職的副總裁，領導一個名為「社群影響」的新團隊。在她的指導下，這家新創企業慢慢變得更多元化。活動人士加入公司，一些大聲抨擊這家新創企業的人也進來了。

達尼洛（Danilo）就是其中一位批評者，他甚至可以說是精英制度的典型。他出生在波多黎各的公社，從呱呱落地以來就由單親媽媽扶養，小時候自己學會寫程式，但他會公開鄙視矽谷那些誇張的個人主義敘事，喜歡在社群媒體上取笑創投業者與狂熱的技術自由主義者。他顯然讓一些同事很緊張。

對我來說，達尼洛對技術的看法是全新的觀點。那有賴破壞與顛覆，就像時尚一樣，只是它顛覆的是矽谷。他喜歡說，參與科技的成本正急速下降。隨著取得教育、硬體與工具變得愈來愈便宜，以後會有更多人參與。產品與公司將會多樣化，權力結構會轉變。某天下午，我們在公司總部一起工作，坐在空蕩蕩的活動場地講台上，他告訴我：「新一代的技術人員將徹底顛覆整個系統。我們有這個空間，可以對社會變革產生前所未有的影響，並且發揮槓桿作用。而且有一整個世代是在寬頻環境下成長的，那個世代將會崛起，顛覆整個系統。」就連創投業者，最終也會遭到顛覆與淘汰。我覺得他講的一切實在太令人興奮了——這是把對這個產業的冷嘲熱諷，轉變成對未來抱持樂觀的一種方式。

那年晚秋，「社群影響」團隊的副總裁安排了美國住房與城市發展部長來訪。當時公司正致力投入部長提出的一項倡議：為低收入家庭提供高速網路、電腦與教育方案，以弭平數位鴻溝。我在華盛頓特區待了一週，旁聽這項倡議的相關會議。我覺得，聽到民選官員（而不是產業中自封的數位社會領導者）談論技術如何改變世界，相當鼓舞人心。

部長來訪那天，整個辦公室鬧烘烘的。執行長在內部的留言板上發文，提醒我們注意現場有真正的特勤人員。一大群公關人員與多層級的安全人員帶著部長參觀總部時，「社群影響」團隊的成員看起來焦慮又興奮。那些正牌特勤人員的高雅西裝與別針，和我們公司那些特勤人員的章魚貓襯衫形成了鮮明對比，讓我不禁感到尷尬。

我問一名同事：「他們有帶部長經過橢圓辦公室嗎？」她不禁閉上眼睛說：「這真是他媽的太尷尬了。」

到了指定的時間，大家魚貫進入三樓的圓形階梯大禮堂。我打量我和同事身上的寬鬆T恤與磨損的鞋子，心想，我們這身打扮有點隨便、失禮。許多中階經理跑來跑去，指示員工坐在哪裡。自從上次節慶派對後，我沒見過辦公室出現那麼多人。

達尼洛作了簡短的介紹，他說：「網路既能催化成長，也能消除階級壁壘。它是一個全球化的教室與社群。」我的眼角餘光瞥見公司的一位律師正在吃迷你糖果棒，一副出神的樣子，精神恍惚。

他繼續說：「最重要的是，網路是通向二十一世紀繁榮的關鍵。身為技術專家，我覺得我有道義上的責任，幫需要網路的人獲得這項福祉。」我聽到塑膠摩擦的沙沙聲，以及咬斷酥脆花生醬夾心的聲音。那個律師直視著前方，咀嚼著。

部長與「社群影響」團隊的副總裁討論了那個倡議。他們指出，美國有四分之一的家庭沒有家用電腦；數位素養的落差也是機會落差。那天，部長西裝筆挺，搭配閃亮的皮鞋，看起來體面光鮮，像政客看起來那樣有點超現實，顯得格格不入。我不禁好奇，原本過著公僕的生活——不斷地往上爬，累積資歷，兢兢業業，小心翼翼，可能有一件燕尾服——卻發現自己必須迎合矽谷日益強大的權力中心，是什麼感覺？矽谷的小暴君是一夕成名的輟學者，當上老闆以後，就自以為他們知道世界是怎麼運作的，自以為他們知道怎麼搞定一切。內設遊說團體的獨角獸公司，都是從政治顧問公司挖角遊說人才，那些億萬富豪都抗拒監管與專業知識。迎合矽谷的感覺，也許就像迎合華爾街、製藥業或大農業（Big Agriculture）[57]吧。也許那種感覺像嫉妒：畢竟，科技與腐蝕政府的官僚制度形成鮮明的對比。任何去過汽車監理站的人，都想要主張顛覆官僚。但話又說回來，成立一個由新創企業經營的監管機構，簡直是一場惡夢。

簡報結束時，穿著低腰牛仔褲與西裝外套的執行長再次出現，為這次會議作結。他手臂上披著一件員工運動衫（跟工程師身上穿的一樣），大步走過舞台，與部長握

57 譯註：「大農業」是一個貶義性的術語，用來暗指大型農業公司擁有過大的權力，與小農形成鮮明對比。

手。執行長說，為了表示感謝，他很榮幸可以送部長一件個人化的連帽衫。

• • •

某天早上搭電車前往總部的路上，我從手機瀏覽社群媒體。演算法推送了一張照片給我看，是前東家開節慶派對的照片。照片上是兩位以前的同事，他們都笑得很開心，牙齒和我記憶中的一樣潔白。照片的圖說寫道：「能加入這麼棒的團隊實在太讚了。」那個派對加了一些標籤，我逐一點擊查看。

點進主題標籤後，列出許多照片，照片上有很多人我沒見過——他們都是俊男美女，那種穿著運動休閒服很好看的人。他們看起來都有充分的休息，很輕鬆愉快，一點也不像我。

我滑到一張照片，那應該是晚餐前的節目表演：一個穿著緊身連衣褲的雜耍員跪在一個基座上，雙腿扭曲，腳抓著弓箭，準備發射。她瞄準一個印有公司標誌的填充心臟。我滑動陌生人親吻和搶鏡頭的動態GIF快照，我懂他們展現的那種自豪，也了解他們的成就感——過去一年非常辛苦，但他們熬過來了，他們贏了。我突然感到輕微不適，那讓我回想起童年遭到冷落時的噁心感。

我不停地滑動螢幕，直到出現一段派對後的影片。那支影片看起來，很像在俱樂部或昂貴的猶太成年禮上拍攝的，只不過牆上投射了那家新創企業的標誌。閃爍的霓虹燈照亮了穿著西裝的男人和穿著小禮服的女人，所有人都上下跳動著，並隨著播放的電子舞曲，揮舞著螢光棒與光劍。我心想，他們愈來愈專業了。最近那家公司又募集了六千五百萬美元，他們有了競爭的本錢，注定會超速成長，不惜血本。

一個我沒見過的人在那支影片的下方留言：「昨晚真是棒極了！」我離開那家公司一年多了，卻依然在那些圖像中尋找自己的面孔。

二六 第二個矽谷

新年伊始，伊恩的機器人工作室搬到了山景城，與那家搜尋引擎巨擘的祕密研發單位合併。那裡曾是加州第一個室內購物中心，他們把那個設施稱為「登月工廠」（moonshot factory）。命名直截了當，沒在客氣的。他們要求員工在電郵的簽名檔及專業簡歷上，使用「登月工廠」這個詞，負責人的職稱就是「登月隊長」。我依然不知道伊恩到底是做什麼的，但有時我可以從新聞中略知一二：報社有專門報導搜尋引擎巨擘的記者，彷彿那家公司是某個外國政府似的，是一種新國家。

那家公司偶爾也會發送印著內部代號的T恤——那是進一步的線索。某天伊恩穿著一件公司的襯衫，看起來像出自前衛搖滾演唱會的衣服，我問他：「Hi-Lo是什麼？」他不能說。我告訴他這實在太煩了，如果研發已經進展到宣傳T恤的階段，員工應該要有權限談論他們的工作才對。「嗯，對啊。」他說：「但這不正是樂趣的一部分嗎？」

那家公司充滿了樂趣，很有趣！而且它希望每個人知道，尤其是員工與潛在員工。工程師騎著單車或踏板車，在工廠中飛馳而過。登月隊長總是穿著直排輪在任務之間穿梭，既提高效率，也提升心率。伊恩帶著一個會自己開門的四足軍用機器人一起去野餐，彷彿那個騾子大小的金屬機器是正常的用餐夥伴似的。那家公司舉辦了一場亡靈節派對，提供墨西哥食物，請來一支墨西哥街頭樂隊，還架設了一個燭光祭台，向那些產品發布以前就遭到腰斬的產品致敬。他們在紅杉林的一個前童子軍營地上，舉辦了一場為期多日的外地度假會議──我覺得這是拙劣的比喻。

搜尋引擎巨擘提供的福利，介於大學與封建體制之間。伊恩在公司的健康中心做了健康檢查，之後帶著印有公司商標顏色的保險套回家，上面還印著「好手氣」〔58〕。公司提供員工許多運動的機會──不只直排輪──伊恩開始利用午餐時間，去上高強度的功能性體適能課程。他開始舉重、練肌肉，量化訓練結果。我開始在洗衣機的濾網中發現蛋白質棒的包裝紙。「我擔心自己變成『公』程師（brogrammer）〔59〕。」他一邊說，一邊打開一個app，讓我看他的統計數據。我倒不擔心伊恩變成「公」程師，而比較擔心他看到同事在公共更衣室裡裸體，那感覺太親近了。他向我保證那是一家大公司。

58　譯註：「好手氣」是Google搜尋引擎的一項功能（首頁的一個按鈕）。點擊這個按鈕時，會直接開啟第一個搜尋結果，而不是開啟搜尋結果的頁面。

59　譯註：brogrammer是bro（兄弟）與programmer（程式設計師）二字的合成字，是指刻板印象的男性程式設計師。這個詞通常帶有貶意，但一些程式設計師用它來形容自己是「善於社交或性格外向的程式設計師」。

那家公司的母公司有大約七萬名員工，可說是世界歷史上工程人才的顛峰——有無限的資源可以開發，是個組織上的奇跡——但是從外部來看，它似乎正承受著某種程度的硬化症。伊恩有時會說，那裡是最適合上班的大公司，但核心業務仍是數位廣告，而不是硬體。

隨著高管一次又一次重組收購進來的案子，大家開始覺得，「登月工廠」似乎把機器人領域中比較創新的公司都吸收了，接著就把它們擱置好幾年。後來，一些新聞報導指出，伊恩上面的「超級大老闆」遭指控性騷擾。那些報導至少可以為他們發展停滯提供一些合理的解釋。那些超級大老闆肯定忙死了。

往返山景城可能需要四個小時。以前的傍晚，伊恩會在城市裡騎單車，或跟朋友一起做飯，或跟我一起去上新式芭蕾課，在地板上打滾。現在，那段時間，他都在搭公司的交通車。每天早上，伊恩拿著盛裝咖啡的保溫瓶，直奔搭乘交通車的接駁站。夜晚，交通車放他走入霧中。我可以從凸窗看到他步履沉重地沿著街區走下來，一臉疲憊不安，毫無生氣。

• • •

有時我很好奇，在技術領域工作的人，尤其我們這些開發及支援雲端軟體的人，是否有一種特有的精神負擔。文獻已經充分記載了知識工作的抽象性，但我們的精神負擔似乎是一種全新的東西，它源自於認知失調：這種認知失調不僅是因為科技公司的工具並非真有其「物」，卻發展成如此強大且獲利龐大的公司，也因為所有軟體在任何時候都很容易被抹得一乾二淨。工程師可能花數年寫程式，但後來只能眼睜睜看著它們被更新、重寫、替換。他們可能投入時間與精力在從未發表的產品上。那種結果雖然令人不快，但我很好奇，亡靈節派對是否為那些工作成果始終未能發表的人，提供一種事情了結的寬慰感。

我自己的精神負擔是，我可以拿到美金六位數的年薪，卻什麼都不會做。我在坐二望三的年紀所學到的任何東西，都是我從網上指南學習的，例如：如何從窗台上清除黴菌；如何慢燉一條魚；如何搞定睡醒時亂翹的頭髮；如何自己做乳房檢查。每次我擺好一件自行組裝的家具，或固定住鬆動的鈕釦時，都會感受到一種陌生又老派的滿足感。我甚至買了一台縫紉機，彷彿在找方法羞辱自己。

我並不孤獨。我認識的程式設計師大多介於二十二歲到四十歲之間，他們大多是男性，其中有一半發現他們的手指有多重用途。他們說：「用雙手做事情的感覺真好。」然後就開始滔滔不絕地談論木工活、自製啤酒或烘焙酵母。這裡感覺就像五年前的布魯克林，只不過業餘工匠不是醃製蔬菜，而是看彼此拍的麵包照。在工作中，一些工程師迷上舒肥料理。週末的時候，他們煎肉、切片、擺盤，記錄下過程，並在社群媒體上分享自豪的高解析圖片。

我很羨慕伊恩，他受到的訓練，是從硬體與實體世界的角度來思考問題。他也是整天盯著電腦，但物理定律依然適用。他與網路的關係跟我不一樣：他完全沒有任何社群媒體的帳號，不熟悉網路迷因，也不了解別人生活的細枝末節。他不像我一樣，每天結束時會站起來想：哦，對，我有身體。

•••

我離開公寓，去一家戲院主題餐廳跟派翠克共進晚餐。一如既往，我們很快就轉而聊起科技，我開始把我對矽谷的焦慮與沮喪，投射到他身上。我們對這個產業一直有不同的看法，就像一個沒人想聽的播客一樣。同樣的資訊，可能讓我們得出截然不同的結論——我覺得那是警世故事，他可能會把它解讀成一種藍圖，反之亦然——但我很喜歡這些交談。它們擴展了我的視野，也幫我把立論修改得更扎實。我只有偶爾會決定在黑暗中走路回家，聽著大聲的音樂，心情鬱悶，希望自己換個產業或住在另一個城市——一個我可以討根菸的地方。

「如果矽谷完全與現實相反，只出產有意義的公司，我會比較喜歡這種矽谷嗎？」

他問道。這時我們的餐點上來了，我們點了一樣的炸雞餐，上面淋了大量優酪乳和埃及香料杜卡（dukkah）。「那當然，但我覺得基因型新創企業與胡扯型新創企業，是相同流程的結果。也就是說，缺點與自我毀滅傾向等等都是一樣的。如果我們能有一個理智、賢明、冷靜、謹慎、適應良好的矽谷，產出同樣的公司，那就很棒，但我不確定我們能做到。」

我說，當然可以。如果公司的管理者不騷擾或排斥工程組織中的女性，多數新創企業可能也一樣成功，甚至更成功。它們很可能同樣有創新精神，但不是由年輕的白人男性管理——抱歉，我無意冒犯。我問道，況且，我們如何定義成功？我講得有點激動，儘管一開始是我提出成功這個話題的。難道不該讓更多不同類型的人經歷失敗嗎？我啜飲了一口酒，感覺有點得意。

「其實我同意那些評論。」派翠克說，並為我的水杯添水。「我也希望矽谷變得更好，更包容，更有抱負，更有意義，更嚴謹，更樂觀。」關於這點，我們是有共識的，雖然我懷疑我們所想的展現方式可能不一樣。「世上只有一個矽谷，我覺得這點令人震驚，我非常擔心那火焰熄滅。也許另一個問題是，你想要兩個矽谷嗎？還是一個都不想要？對我來說，答案非常明顯。」

我在盤子裡旋轉著一塊雞皮，我不想要兩個矽谷。我覺得現在這個矽谷已經造成夠大的破壞了。又或者，也許我確實想要兩個矽谷，但前提是第二個完全不同，是孿生惡魔：母系的矽谷、獨立派暨女性主義的矽谷。規模較小、研究充分、運作緩慢、受到監管的矽谷——男人還是可以在當中擔任領導者，但前提是他們從未用過「閃電式擴張」（blitzscale）這個詞，或從未把商業稱為「戰爭」。我知道我的想法有些地方是矛盾的。

派翠克說：「進步是這麼不尋常、這麼罕見。我們都在尋找黃金國（El Dorado），幾乎每個人都會空手而回。清醒、負責的成人不會放棄工作與生活，去創建一個到頭來可能不值得的公司。那需要一種發自內心的自我犧牲。」直到後來我才想到，他這樣說，可能是想告訴我什麼。

二七　懷舊風潮

朋友在沙加緬度三角洲（Sacramento Delta）辦了一場狂歡會，標榜那是一場激進的自力更生活動。邀請函寫道：「乾渴的土地需要你的汗水，我們迫不及待想以歡樂、渴望的身體填滿農場。」我想成為歡樂的身體——或至少，我想試試看。為了做好準備，我帶了一條黑色哈倫褲、一個小噴霧器、一本小說，以及《創作，是心靈療癒的旅程》（*The Artist's Way*）。「我覺得沒有人在狂歡會上閱讀的。」伊恩看著我的大提袋說，但他還是讓我帶了。

我們把車停在農舍前時，一群打赤膊的男人正在打造一個圓頂屋。他們在杆子上掛了一串串LED燈，胸肌緊繃，並在室內擺放枕頭與日式墊被。在戶外的廚房，幾個人忙著剁碎披薩的配料。一隻小羊在他們兩腿之間轉來轉去，尋找剩菜碎肉。便攜式的喇叭播著搖擺樂。

這次狂歡會的主辦人，是一位抱持共產主義的農場主。他性情隨和，喜歡探索個性。農場主幫我們在核桃林裡搭起帳篷時，我問他那隻小羊是怎麼回事。他一邊拿杆子穿過帳棚的門簾，一邊說，他打算明天下午用烤肉叉把那隻小羊烤來吃。「先把牠扭倒在地上，撫摸牠，直到牠放鬆下來。」他解釋道，彷彿在分享水果沙拉的食譜似的，「然後就伸手割斷牠的喉嚨。」

傍晚時分，一男一女從樹林裡走出來，穿著寬鬆的白色亞麻衣，宣布將舉行儀式。他們的臉上塗著雍容華貴的油彩，油彩被太陽曬成了粉紅色。每個人排好隊，把一根大麻菸從前面傳到後面，然後走到溪邊，在那裡脫光衣服。我們的領隊還沒完全脫光衣服，他走進水裡，輪流把每個人往後浸泡到水中，像受洗一樣。亞麻布像浮渣般浮在水面上，我對伊恩低語：「我才不要。」這太邪門了。我待在後面，沒脫衣服，等儀式結束後才加入。

大夥兒裸著身順流而下，他們爬上小溪邊，與河對岸的牲畜交流，接著躺在落日下曬乾身子。幾罐啤酒在小溪中漂浮，我感到一種熟悉的孤獨感——參與了一種比自己更宏大的東西，但依然沒有歸屬感。

過了一會兒，我爬出水面，感到難為情。我在伊恩和一位朋友的旁邊抖了抖毛巾，那朋友是靠擁抱年長的男人賺錢。那位擁抱治療師盤腿而坐，大喇喇地把睪丸放在一小片野花上。我鑽入伊恩的腋窩下，詢問他的治療方式：成為別人如此渴望的對象是什麼感覺？有人在治療時哭了或吐露心聲嗎？那是很沉重的任務嗎？感覺像一種重要的服務嗎？萬一有人勃起怎麼辦？「如果你硬了，就得站起來。」擁抱治療師極具耐心地解釋。伊恩漫不經心地玩弄我的頭髮。

即使在農場，大家還是在談論新創企業。諾亞和伊恩的朋友也開始勉強進入這一行了。他們不情願加入的程度，僅次於不穩定工作者的疲憊。這個生態系統找到了一種方法，吸收那些有大學學位又深諳中產階級社交暗示的人。一名公立小學的校長在一家教育創業公司，找到製作排程軟體的工作。一位樂評家撰寫有關健身與冥想app的文章。記者轉行做企業的公關。藝術家到那個人人討厭的社群網站實習，電影製作人也加入大型科技公司的內部組織，拍攝內部宣傳內容，好讓員工以身為公司的一份子為榮。

每個人都需要副業：藝術家、音樂家、藍領工人、公務員紛紛離開舊金山，沒有新的人來遞補他們的位置。城市中有些原木咖啡館是為那些想在咖啡館裡開會的人開設的，裡面的咖啡師不像以前那樣是剛來這城市的小伙子。他們年紀比較大，比較溫和，仍然受「租金管制」保護，至少目前仍然如此，但演變的跡象已經很明顯。連搞笑演員也開始為企業開即興表演班；為新創企業的員工舉辦研討會，透過相互羞辱來強化團隊關係。「你怎麼看程式編寫訓練營？」擁抱治療師問伊恩。

那天晚上，在果園裡，一群在西岸巡演的音樂家在一輛改裝過的校車上，演唱有關加州的歌曲。夜幕低垂時，流動廁所裡出現黑寡婦蜘蛛，引發了一場驅逐行動。五、六個人躲在冷藏室裡做愛。另一些人嗑了K他命，隨著浩室音樂慢慢起舞，或躺在圓頂內的人造毛毯上吸興奮劑。一個穿著亮片短裙的女人吸食了迷幻藥，坐在一堆木柴上。她瞪大眼睛，以驚嘆的口吻說：「可以看的東西實在太多了。」

有時，感覺每個人都看過一九六〇與七〇年代的人盡情揮灑自由的精彩片段似的——隨性的裸體，歡快的濫交，集體生活、集體進食、集體沐浴。之前也有人談到在加州門多西諾附近集體購買土地。儘管這裡沒有人有孩子，但也有人談到共同照護孩子。我覺得這好像一場不完美的過往演出，一次重演。追求解放，一些純粹的快樂。

我覺得自己不會身體力行一九六〇年代的反主流文化，但我對這種文化的耐久性很感興趣——連新創企業的創始人，都把公司旅遊拉到海牧場（Sea Ranch）進行。在其他地方，反主流文化是歷史主題，是變裝派對的主題，是俗氣的東西。當然，我那些紐約的朋友不會參考一九六〇年代的這一面。他們也幻想回歸土地：哈德遜河畔翻新的穀倉，附帶菜園、老派貨卡車、農舍水槽等等，但烏托邦主義並不突出。我不知道這是象徵清醒的現實主義，還是缺乏想像力。

午夜時分，我獨自回到帳篷，鑽進睡袋，把頭靠在伊恩的刷毛露營枕上。我心想，這一切或許只是一種反抗。科技正在侵蝕人際關係、社群、身分、公地。隨著大家感覺物質正從世上消失，也許懷舊只是因而產生的本能反應。我想找到自己的方式以避免那種情況，我想找到我自己的集體形式。

此刻，我下面的土地又硬又冷，隨著低音旋律不停地顫動。

二八　裝成男的較吃香

偶爾，一些業外的朋友會在那個人人討厭的社群網站上貼出一些文章，描述這個社群網站所做的心理實驗。他們貼出那類文章時，還會加上令人費解的評論。他們會透過電郵寄給我一些報導，像是臉部辨識軟體的新聞，或是共乘新創企業用名為「上帝視角」的工具來追蹤乘客這類消息。他們在信中寫道：「你知道這件事嗎？這……正常嗎？」他們無意間在網路上撞見嚇到他們的東西時（例如，微網誌平台秀出的廣告，剛好是他們剛買的東西；或照片共享app推薦他們與某位失聯已久、但剛剛在地鐵上撞見的朋友聯繫。送餐服務在你到遙遠地區度假時，推薦當地的餐館。語音助手在毫無提示下脫口說出資訊），就會發簡訊給我，表達內心的懷疑，或表示覺得有趣。

「你看這個。」一位朋友跟我出去喝酒時，把手機推過桌面給我看。手機螢幕顯示他常去地點的記錄：家裡、辦公室、健身房、車站，以及一個我沒過問的未知住址。「我的手機好像私家偵探，一直在給我的行為建立小檔案。我不知道該感到受寵若驚，還是覺得自己受騙上當了。」

當我沒有表現出驚訝，或試圖解釋發生什麼事，或甚至承認其中有些現象其實跟我在資料分析公司做的工作有關時，朋友的反應讓我覺得，我好像有反社會人格。這些交談並沒有讓我覺得自己比較優越，或比較有文化知識。他們令我害怕，我會掛掉電話，心想：對我這一代的創業者和科技工作者來說，那名國安局的揭弊者是否是第一次道德考驗，而我們的測試結果是死當？我會看著桌子對面那些聰明、樂觀、見多識廣的公民社會參與者的困惑面孔，沮喪地想：他們真的不知道。

• • •

在工作上，開源平台的一些角落變得愈來愈邪惡詭異。服務條款團隊收到警訊告知，有些內容是聲稱隸屬恐怖組織的人發布的，有些內容是肉搜公務員及跟蹤我們同仁的人發布的。也有人通知我們一些內含死亡威脅的內容，其中一則甚至因可信度很高，而導致我們的總部關閉一天。

我們發現，有一款遊戲是讓玩家比賽殺猶太人，公司因此開會討論，要如何處理那款遊戲的程式碼。我們瞇著眼睛看了一個充滿ASCII藝術的檔案庫，裡面有些構圖拼出像「FAGGOTS ARE GAY BUT NOT QUEERS」（FAGGOT是同性戀，但不是酷兒）、「VAPE IN MY PUSSY AND CALL ME YOUR MEME SLUT」的短句。我們互傳一些可疑的帳號（那些帳號的頭像，把經典卡通人物塑造成希特勒的造型），並在聊天室裡用看起來像我們的聳肩表情符號來回應。

在多數日子裡，我繼續處理侵權下架與商標侵權舉報，滿意地遵循著繁瑣的程序，彷彿自己是開源社群的律師助理，洋洋得意。但有些日子，我會寄電郵給用戶，客氣的請他們換掉頭像中的納粹十字符號，或請他們考慮刪除他們上傳到檔案庫的反猶漫畫。

我常不得不退一步，想想這類素材只占開源平台活動的極小部分。從大局來看，我們公司是幸運的：與傳統的社群網站不同，它並沒有提供直播暴力畫面的方式。與家庭共享平台與叫車app不同，它也不做面對面互動的業務。相較之下，我們的工具是促進一種非常具體、良性的數位公民生活形式。沒有人是為了對墮胎或地球曲率發表意見，而登入系統；也沒有人特地來這個平台，取得某些新聞的懶人包。多數用戶是按照這個網站的設立宗旨，來使用這個網站。

不過，我早就不再以真名從事公開活動了。在所有對外的通信中，我使用男性假名。謝天謝地，我們從來不需要使用電話。我這樣做的部分原因是，這項工作可能很敏感，可能會冒犯那些在網路上酸人或耍狠的人。我不是團隊中唯一使用假名的人，但使用男性假名不僅有助於緩和緊繃的交流，甚至對最無害的客服問題也有幫助。我抽離自己時，效果最好。我親眼目睹，男人對男人的反應，就是跟他們對女性的反應不同。我的男性假名比我更有權威。

・・・

那還是社群網站的時代。每個人都在泳池裡，單獨地在一起。社群網站的創辦人聲稱，社群網站是聯繫並讓資訊自由流通的工具。社交有助於建立社群，打破隔閡。不要在意隱藏在幕後的廣告技術：社交會讓大家變得更友善、更公平、更有同理心。社交是全球經濟的公共事業，全球經濟正迅速變成無疆界、無遠弗屆——或者，如果矽谷有人能想出如何贏中國的話，就真的能達到無牆無界了。

社交將為世界帶來自由民主，社交將重新分配權力，讓人獲得自由，用戶將決定自己的命運。在設計思維與PHP應用程式方面，根深柢固的威權政府根本不是對手。社群網站的創業者舉埃及為例，舉俄羅斯為例，舉突尼西亞為例，並側眼瞄了一下祖科蒂公園（Zuccotti Park）〔60〕。

這並不是說平台本身顯露出革命的潛力——它們看起來無傷大雅，因為它們看起

60 譯註：這裡的埃及指阿拉伯之春；俄羅斯指二〇一一年俄羅斯選舉引起的示威和抗議活動；突尼西亞則是指茉莉花革命。祖科蒂公園是「占領華爾街」運動的大本營。

來都一樣，都是僵化、單調、黯淡、藍色，明明稜角分明，卻又努力裝出很友善的樣子。這些平台是由程式設計師為那些偏愛基礎架構的人構建的，他們的腦中只考慮到程式設計師。那些人習慣看表格資料，對他們來說，寫程式是發揮創意，好的程式碼是乾淨簡潔的。他們覺得個人化交由演算法負責就好。他們是系統思考者，覺得系統是運算的，沒有延伸擴展到社交領域。

這個軟體是事務性、快速、可擴張、分散的。胰島素的群眾募資案子迅速、有效率地傳播開來，就像反疫苗宣傳一樣。他們覺得濫用只是罕見案例，這樣的缺陷，可以用垃圾郵件篩檢程式、內容審查員或免費社群成員的自我監管來糾正。沒有人願意承認，濫用在結構上是無可避免的：那顯示為了黏性、影響力、無止境參與而優化的系統不僅運作健全，而且完全是按照當初的設計來運行。

• • •

春天，一個極右派媒體發表了一篇部落格文章，談到我們公司那位「社群影響」團隊的副總裁，焦點放在她對科技領域「多元性方案」的批評，因為她覺得那些方案往往讓白人女性獲得特別多的效益。那篇文章的標題是〈反白照妖鏡〉（ANTI-WHITE AGENDA REVEALED），底下放了一幅由章魚貓構成的拼貼圖。

文章引發了軒然大波，收到了數百條留言。讀者對馬克思主義與好萊塢、自由主義受害者、反種族主義、全球主義者的目的等，提出陰謀論的看法。他們貼出關於「聯邦黨人文集」（Federalist Papers）與「北委內瑞拉」（North Venezuela）以及西方文化滅絕的恐慌短文。大家吵成一團。

留言區的討論開始在網路上延燒。社群媒體上，到處可見網民刻薄地威脅我同事。客服電話響個不停，上面擠滿了抓狂的抗議者。那個媒體似乎動員了一群人，他們在網路上打著政治辯論的幌子，運用任何可能的管道，拚命放大極右思想。到最後，副總裁、執行長，以及一些直言不諱的員工，都變成這場惡毒網路騷擾運動的目標。我同事不是第一次遇到這種事，據我所知，這已經是一年內的第三次了。

這起事件攻勢猛烈，持續數日。有些威脅非常明確，公司因而雇用了保安人員。總部裡瀰漫著不安的氣氛。員工進出的大門上，出現一張恐嚇字條。

我向一位同事提到，現在的網路騷擾似乎都遵循著一套劇本，實在令人震驚：極右派評論人士的方法，與我們十八個月前看到酸民團體鎖定遊戲界女性的方法，簡直如出一轍。彷彿整個世代利用網路論壇的風格與基調，在網路上發展了政治身分。

我問道，現在的世道就是這樣嗎？我覺得，兩個不同的群體有相同的措辭及戰術，這實在很奇怪。

同事是線上論壇與線上布告欄的行家。他斜眼看著我說：「哦，你真是天真，他們絕對是同一群人。」

二九　「我們」是指誰？

矽谷已經變成一種姿態，一種想法，一種擴張，一種抹除，一種速記法及墨跡測驗，一種夢想或海市蜃樓。大家開始搞不清楚究竟是南灣（South Bay）是舊金山的睡城（意指通勤者居住的城鎮），還是舊金山是南灣的睡城，兩種情況似乎都沒錯。

科技業僅占勞力的十%左右，但影響力非同小可。整座城市都被顛覆了，人不斷地湧入。教會區貼滿了寫給新來的人看的傳單，上頭寫道：「沒人在乎你在科技業的工作。在公共場合客氣有禮，別像大學生說笑那樣，大聲嚷嚷你追求名利的野心。」

租金不斷上漲，咖啡館改用無現金交易，路上擠滿了共乘車輛。Taquerias餐廳關門大吉後，搖身變成高檔的有機墨西哥玉米卷店，重新開幕。廉價公寓燒毀，取而代之的是空蕩蕩的公寓。

舊金山一側的街道，以工會組織者與墨西哥反帝國主義者的名字命名。投機者搶購當地民眾的簡陋住宅，翻新改建。在一排排愛德華時期風格的柔和色系小屋中，翻新的房子看起來像壞死的牙齒，剛粉刷過的灰色色調顯得了無生氣，也令人不安。二十幾歲的科技新貴變成娃娃臉房東，滿懷歉意地援引晦澀難懂的住房法律，以驅逐那些久住當地的房客，好讓當地可以改建成共管公寓。房地產開發商規劃了微型公寓街區，堅稱那些房子不只是週末暫住的地方，而是千禧世代生活的新領域：先從小屋住起，以後再換大屋。

相較於昔日的工廠與破舊的維多利亞式建築、汽車修理店與皮革酒吧〔61〕，市中心的新開發案顯得格格不入，不像在地的東西。為了展現差異，脫穎而出，他們增設電子鎖，添購內建Wi-Fi功能的冰箱，宣稱那些建物是智慧型公寓。他們提供木球場、攀岩牆、游泳池、烹飪課程、禮賓服務。有些地方還舉辦太浩湖的滑雪旅行，以及週末的葡萄酒園之旅。他們標榜內建自行車儲放櫃、木工坊、寵物美容站、電動車充電站。其中一半附設科技室及共同工作廳：商務中心設計得像居民的辦公室，而這些辦公室又設計得像住家一樣。

在我的住所外面，一輛小貨車倒車時撞上了茶樹，把它撞死了。那棵樹移走後，取而代之的，是一個與對街的流動廁所一模一樣的廁所。這些流動廁所不是供社區中日益增加的遊民使用的（有些遊民只好在多肉植物的花盆與車庫屋簷遮擋的陰影下便溺），而是給每天早上來這裡上工的建築工人用的，他們是前來為維多利亞式公寓的地下室打造陽春的雅房；這是個地主主導的市場。

流動廁所都上了鎖，但常有人破門而入。夜裡，我躺在窗台下的床上，聽著那些人死命設法開鎖的聲音，以及塑膠門被拉開又關上的聲響。

• • •

我的信箱裡開始出現房地產仲介的照片，他們精心打扮，照片印在搭配藝術字體的卡片上。他們興奮地介紹一個有浴缸與啞光櫥櫃的高級住宅，熱情地分享一間保留原始細節與早餐角落的討喜平房，宣稱地點接近高速公路，並加入科技公司接駁車行駛路線圖（每家公司的路線以不同的顏色區別）。他們的宣傳手冊上寫道：「黃金地段，沒有租金管制的絕佳投資房產。」我站在公寓的台階上，看著那些仲介的大頭照，想著我應該去漂白牙齒。

舊金山已經陷入全面的住房危機。每當媒體報導，某家新科技公司向證券交易委員會（SEC）提交股票上市申請時，大家就開始你一言我一語的談起租戶權利。同事開玩笑說，我們應該在下一家公司上市之前買房子。這之所以是玩笑話，不是因為它很有趣，而是因為那些一夕暴富的人出價，要購買價值一百萬美元的首購屋時，硬是

61　譯註：皮革酒吧是指以穿著皮革為主題的同性戀酒吧。

比其他人的出價高出六〇%，而且付現。

在我住的這棟租金管制大樓裡，六間公寓中有四間住的是中年夫婦，有些人至少從上次經濟繁榮時期就住在那裡了，他們什麼鬼話都聽過了，很熟悉房仲那套有關社區與變革的說辭。最近，大批樂觀的年輕人湧入這裡求職，隨之而來的現金洪流讓人備感壓力，而不是嘆為觀止。我猜想，我們這棟樓裡應該沒有人想買房收租，或購買價值百萬美元的公寓；他們應該都只想繼續住在這裡。

那些房產文宣來得又多又快，它們開始鎖定不住在那裡的大樓房東，並提出翻新的誘人條件。文宣寫道：「嗨，芳鄰！我想與您分享這一帶新售屋的大消息。」

「我們有一些審慎積極的買家，他們亟欲投資您這個社區。」

「如果您的房子能賣個好價錢，您會出售嗎？」

郵箱上面堆積的房地產文宣，就像一種攬客話術與嘲諷——提醒著我們，命運無常以及我們有多幸運。

• • •

那年有很多關於城市建設的討論，尤其是在創業者那個階層中。每個人都在閱讀《權力掮客》（*The Power Broker*）[62]——或至少讀書摘。每個人都在讀《女巫季》（*Season of the*

Witch）〔63〕。一些光說不練的城市規劃者在部落格中談珍．雅各（Jane Jacobs）〔64〕，發現奧斯曼（Haussmann）〔65〕和柯比意（Le Corbusier）〔66〕。他們幻想著特設城市（charter city）〔67〕，開始注意到一些有趣的事情——可能是潛在的機會——正在他們共乘的車窗外發生。他們開始明白公民生活的價值。

在一次聚會上，我遇到一個男人。他靠過來呼著溫暖的鼻息告訴我，他正試圖參與一個令人興奮的新城市規劃專案。他的T恤上有幾何形狀的折痕，彷彿當天才收到，一小時前才開封：隨需供應年代的一種巧妙凌亂。我問他是為這個城市工作？還是從事城市規劃工作？他含糊地揮手指著滿場的技術人員說，他的職涯發展一開始跟我們其他人一樣。但他一直想讀更多都市規劃方面的書，問我有什麼書可以推薦的。

我想起大學時修都市研究課程的課綱，頓時有種優越感，卻想不起來課綱中列了

62　譯註：《權力掮客》是羅伯．摩斯（Robert Moses）的傳記，他是二十世紀紐約和其市郊的城市規劃師。
63　譯註：《女巫季》描述舊金山從一九六〇年代到一九八〇年代初期的黑暗歷史。
64　譯註：珍．雅各以都市規劃方面的書寫與批評最為有名，極力反對紐約的城市規劃師羅伯．摩斯打造的紐約。
65　譯註：奧斯曼是法國都市計畫師，負責一八五二年到一八七〇年的巴黎城市規劃。
66　譯註：柯比意是二十世紀極為重要的建築師，是「功能主義」建築的泰斗。
67　譯註：在特設城市中，治理系統是由城市自己的憲章定義，而不是由一般法律定義。

什麼書。我問他從事什麼都市規劃專案，他猶豫了一下，彷彿喝醉的人很想吐露祕密，但又沒有醉到想犯錯的地步。我等著他回答。

他說，城市很重要，口吻彷彿在為某種宣傳暖場，也彷彿我們還沒達成心照不宣的共識，儘管我們就站在一個著名市中心的客廳裡。「但城市可以變得更有智慧，」他繼續說道：「它們應該變得更聰明。如果我們可以從頭開始規劃呢？我們能解決什麼問題？」

男人總是誇誇談論「我們」的問題，「我們」指誰呢？「我們有各種新科技能隨心所欲地應用，」他說：「自駕車、預測分析、無人機等等。我們如何把它們結合起來，變成完美的組合呢？」我忍住想要拿中央規劃來開玩笑的衝動。

我問他，第一個從頭開始規劃的城市會在哪裡，我以為他會說加州的某處——也許是沙加緬度外，在通勤距離內的某個地方，能幫舊金山抒解一些壓力。

他說，在中美洲，也許是薩爾瓦多。他解釋：「在人們想努力工作、不想因應犯罪的地方。」我興致勃勃地盯著我那瓶啤酒的瓶底。「我們的想法是採用精實創業的方法。這個城市一開始很小，就像新創企業初期那樣，必須迎合最初一百個用戶，而不是最初一百萬個用戶。」我問他打算如何擴大規模，但他一給出答案後，我就後悔那樣問了。他答：「貨櫃。」

我問，是住貨櫃屋嗎？那社區呢？人不是憑空而來的。當地經濟呢？我開始有點火了，並開始攤牌。他表示：「理想情況下，那是個經濟特區，你知道深圳嗎？」我知道深圳：一個光鮮亮麗、受到嚴密監控的城市，快速的經濟成長助長了豪奢發展及童工受虐；市民在獨裁統治下參與現代化與進步；威權資本主義的副產物。他真的知道深圳嗎？我真希望我喝醉一點，這樣才有膽刻薄地回應他。我故意開玩笑問道，種子資金從哪裡來？

他說，由於團隊規模還小，他們是用自有資金，大多是自掏腰包。他們只需募集一千五百萬美元。

• • •

資本充足的人，很自然就對城市建設感興趣。他們的員工難以負擔住在灣區的費用，但資助其公司的金主與創投狂熱分子持續灌輸大家一種信念：新創企業的創辦人不僅能改變世界，也應該拯救世界。這是個測試「生活第一原理」[68]有效性的地方。

第一原理思維：亞里斯多德式的物理學，但適用於管理科學。科技人員解構基礎

68 譯註：第一原理是哲學與邏輯名詞，是指最基本的命題或假設，不能省略或刪除，也不能違反。

設施與制度，檢查各個部分，然後按照他們的方式重新設計系統。大學輟學生重新構建大學，把它變成線上職業學校。創投業者拆解次貸危機，提供資金給提供住房貸款的新創企業。多名創辦人籌募資金，在那些把住戶趕出公共居住空間的社區，打造新的公共居住空間。

有個流傳已久的笑話說，科技業只不過是在改造長期存在的商品與服務罷了。很多創業者與創投業者不喜歡這個笑話，但我覺得，他們應該感謝這個笑話轉移了焦點：它把話題從一些結構性問題轉移開了，例如公共交通、住房或城市發展等領域為何會出現問題？

在審美層面上，我不相信創業階層能夠打造出多數人想住的大都會。他們對舊金山的影響不太鼓舞人心，雖然這不完全是他們的錯。這個城市充斥著強迫推銷科技新貴的新事業：例如，只賣極簡茶具的商店；供應魚子醬配蝦片的香檳酒吧；會員制的共同工作俱樂部，在散發桉樹香味的健身房提供高檔健身課程；乒乓球俱樂部提供松露薯條；向數位遊牧族販售鉛筆盒與便當盒的商店；標榜對關節壓力較小的健身房提供模擬騎車、模擬衝浪等活動。

有時，從第一原理推理，是個回歸原始模式的漫長且乏味的過程。那些還沒有燒光創投資金的電商網站開始開設實體旗艦店——第一原理的方法顯示，面對面的零售是吸引消費者參與的一種智慧平台。一家只在網路上銷售眼鏡的零售商發現，購物者喜歡檢查視力；一家銷售豪華室內單車的新創企業發現，採購豪華室內單車的用戶喜歡和其他人一起騎車；網路床墊供應商也開設了陳列室。化妝品新創企業開放試妝專櫃。那家超級電商開了實體書店，書架上裝飾著印刷的顧客評論與資料導向的標記：「電子書讀者三天內讀畢；評價四．八顆星以上」。

這些空間總有種說不出的怪異——有點不對勁。書架上有灰塵令人不安，看到真的植物很奇怪。這些商店都有某種短暫性與貧乏感、某種「靠齊格點」（snap-to-grid）〔69〕的風格。它們似乎在一夕間出現，固定在實體空間中：白色牆面、圓角字體、看台座位，是它們所取代的那個世界的霧面擬像。

• • •

六月，新創企業加速器宣布了一項新計畫，它想從頭打造一個全新的大都會。我讀到宣布這項計畫的部落格文章時，心想，天哪，每個人都來參一腳。文章寫道：「世界上有很多人沒意識到他們的潛力，主因是他們的城市沒有提供成功所需的機會與生

69 譯註：「靠齊格點」是軟體術語。畫圖時，可以讓物件自動對齊格線。

活條件。建設更好的城市，是釋放這股巨大潛力的高效方法。打造新城市，無論是就複雜性還是雄心抱負來說，都是終極的全方位新創事業。」那篇文章以一系列問題作結：「我們該怎麼衡量城市的效力？城市的關鍵績效指標（KPI）是什麼？城市應該優化哪些事物？」

KPI、優化：這些術語令我想到資料分析軟體。我不禁納悶，誰擁有那些資料集？他們會拿那些資料做什麼？

那項計畫的負責人曾擔任一家網站的執行長，那個網站是社群媒體上瘋傳的幽默圖片與影片的儲存庫——那些素材的內容，大多是貓咪做一些奇特的事情，例如騎在掃地機器人上、夾在漢堡中。該網站已籌集近四千兩百萬美元的創投資金，他將與另一名創業者合作，那位女性曾經創立一個隨需到府清掃平台，但因連串訴訟而關閉。這種肆無忌憚的膽量真是令人驚嘆。

我不懂，為什麼每個人應該趕緊把社會的骨幹，交給這些以好奇心為主要技能的人。我並不熱衷於捍衛傳統產業或制度，但是歷史、脈絡、深思熟慮不容小覷，專業也不容忽視。此外，如果我們**真要**放棄專業知識，我不禁私心覺得，為什麼不是我那些朋友獲得數百萬美元，拿著那些資金去研究那些打造城市的專案呢？

我當時沒想到的是，科技界的人士之所以對城市規劃興致勃勃，不單是因為他們對城市或建造大規模的系統充滿熱情（儘管那些興趣是真誠的）。那只是一種入門的練習，一種沙盒，一種門道：那是他們進入新政治權力的第一階段。

三十　既得利益者的嘴臉

柏克萊的一名治療師問道：「你覺得你討厭自己嗎？」

我想，我在心理治療的初次晤談中，給了對方強烈的印象。但隔天，我開始在微網誌平台上追蹤一群創投業者，那樣做其實對我自己不太好。

那群創投業者正在討論全民基本收入，我無法不關注。他們擔心城市貧民釋出的經濟潛力。隨著冰山融化，以及海洋溫度逐漸變得不適合生物生存，他們擔心人工智慧——具體來說，他們擔心究竟是他們、還是中國擁有人工智慧——可能導致第三次世界大戰。他們想看到自動化與人工智慧推動一場復興：機器包辦了人類的一切任務，使得我們無事可做，得以專注投入藝術。

有人可能因此推斷，創投業者想全額補助政府服務；或者，萬一人工智慧真的掀起革命，創投業者只是想為他在紐西蘭買地堡以囤積槍支與花生醬找理由罷了。只要創投業者開始報名上陶藝課程，只要他們因自動化而失業，我就相信人工智慧會帶來一場復興。

創投業者相當多產，他們說話的口氣跟我認識的人都不一樣。有時他們會談論自己寫的書，但多數時候，他們是談論想法，例如：如何激發啟蒙；如何把個體經濟學的理論，應用在複雜的社會問題上；媒體的未來與高等教育的衰頹；文化停滯與建設者的心態。他們談論如何找到好的啟發式方法，來產生更多點子——這大概是為了讓他們有更多話題可以談論。

儘管他們狂熱地宣導開放市場、放鬆管制、持續創新，但別指望他們認真地捍衛資本主義。他們抨擊從智慧型手機上批評資本主義是一種結構性的虛偽，彷彿他們自己從智慧型手機上捍衛資本主義就不荒唐似的。他們透過新創企業的萬花筒看世界，新創企業加速器的創辦人寫道：「如果你想消除經濟不平等，最有效的方法就是禁止創業。」一名天使投資者指出：「我見過的每一個大聲反對資本主義的人，都是失敗的創業者。」一名創投業者發文說：「舊金山灣區就像古羅馬或雅典。把你最好的學者派去那裡，向大師學習，見見你那個世代最傑出的人才，然後帶著你需要的知識與人脈返鄉。」他們知道別人能看穿他們嗎？

創投業者並不鄙視靈感文化。他們會分享閱讀清單，推薦產品，並建議追隨者保持謙遜。他們主張吃得健康，少喝酒。要旅行，要冥想，找到自己的人生目標。要努力經營婚姻，永不放棄。他們宣揚每週工作八十小時，大談毅力的重要。每當他們批評「追求工作與生活的平衡」，說那樣做太軟弱，或與創業成功所需的決心背道而馳時，我都很想知道，他們之中有多少人有行政助理、有多少人有私人助理，又有多少人兩者都有。

我無法想像每年賺數百萬美元，卻選擇把時間花在社群媒體上惹是生非。他們的網路成癮近乎可悲。我心想，登出系統吧，你們不能彼此通通電郵就好嗎？

但是，話又說回來，如果網路真有什麼好處的話，那不就是這點嗎？行動透明化，你可以接觸到產業精英的思想。如果你想知道，哪些創投業者為身分政治對生產力的影響而苦惱，或是把斯多葛派堅忍克己的作法應用到伍德賽德（Woodside）〔70〕的生活上有什麼結果，你找不到比上網更好的方法了。況且，要是不上網，我們怎麼知道哪些創投業者為無法擴張事業的自大創業者辯護，或把批評誤解成騷擾，覺得他們是數位暴民圍攻的受害者？要是不上網，我們怎麼理解那些轉變社會的人——那些我協助致富的人——刻意放大的身分認同、意識形態、投資策略？

• • •

矽谷的智識文化是網路文化：思想領導、思想實驗。留言板智識主義。這裡有經濟學家與理性主義者；有效利他主義者（effective altruistist）、加速主義者（accelerationist）、新原始主義（neoprimitivist）、千禧主義者（millennialist）、客觀主義者、生存主義者、原型未來主義者（archeofuturist）、君主主義者、預測決策派（futarchist）、新反動主義者（Neoreactionary）、海國派（seasteader）、生物駭客（biohacker）、長生不老派（extropian）、貝葉斯派（Bayesian）、海耶克派（Hayekian）。有半開玩笑的，也有開不起玩笑的。有精明能幹的，也有糊裡糊塗的。這裡確實有一些需要改進的地方。

在諾伊谷（Noe Valley）的一次聚會上，我與一位線上理性社群的熱中參與者陷入爭論。一般認為理性主義是一種尋求真理的運動，至少奉行理性主義的人是這樣想的。為了更清楚認識這個世界，理性主義者會去領略行為經濟學、心理學、決策理論。他們討論推論技巧、心理模型、鋼鐵人，並運用科學與哲學的語言。他們會說，「總的來說」、「融資」、「n是淨正的」、「n是淨負的」、「n過譽了」、「n被低估了」。

我可以接受尋求真理，而且就我所知，理性主要是提供近乎自助的生活架構。這很合理，因為宗教機構逐漸喪失影響力，企業要求近乎心靈的投入，資訊氾濫，社交聯繫已經外包給網路——每個人都在尋找某種東西。

但理性主義也可能是一種歷史疏離模式，忽視或寬容巨大的權力失衡。有一個超

70 譯註：伍德賽德是美國房價最貴的十個小鎮之一，位於加州。

人氣的理性主義播客是談自由意志、道德責任、認知偏見、選票交易的道德等議題。那個播客有一集請了個演化心理學家來上節目，後者以超人類主義者、雙殼素食主義者（bivalvegan）〔71〕、古典自由主義者自居。她與主持人討論了只追求外貌美麗的訂製嬰兒（designer baby）〔72〕，但完全沒提到種族或優生學的歷史。我覺得，狂熱地爭論一個不是真實世界的世界，有點不道德。充其量，那是對權力的一種可疑奉承。我覺得這種次文化令人驚訝，而它在成人中盛行尤其令人驚訝。

在聚會上，我很難和那個理性主義者說清楚這點，她和善可親，好奇心強。我們是在一間愛德華時期風格的房子裡，那間房子最近才剛翻新，有光亮的櫥櫃、明亮的牆壁。櫥櫃沒有握把，所有東西都是白色的——就像智慧型手機或平板電腦那樣。我們一起坐在廚房中島邊，有一群站在中島旁邊的人，一直在討論那個認為軟體正在吞噬世界的創投業者，交流他們從他那裡學到的最寶貴見解。我沒有加入那群人。

話題轉向一位自由主義經濟學家，他是學者，也是一家保守派研究中心的負責人。那個中心是由兩個跟他情同手足的石油界巨擘提供資金，兩人都是右派的億萬富豪，已經肆無忌憚地發揮政治影響力數十年了。但那名經濟學家又把自己塑造成逆向主義者（亦即反主流）。他在部落格中討論類似以下的話題：緊急情況下哄抬物價，是否真的有益？美國的種族暴力升溫，是否有樂觀的解釋？國家可以像新創企業那樣運作嗎？（非洲國家看起來很有潛力。）他認為，也許慈善事業太民主了；使大量低收入者群皈依摩門教，也許會促成更大的向上流動性；也許我們可以從奈及利亞的拉哥斯（Lagos）獲得啟示，思考民族主義的建設力。矽谷那些以逆向主義者自居的人，很喜愛他的著作，而我之所以知道這個人，是因為派翠克是他的部落格的忠實讀者（這點令我很失望）。

我主動指出，那名經濟學家的許多「逆向」觀點——為了顛覆主流偏見，以輕鬆的思想實驗為幌子，所構思出來的——其實流露出一種很黑暗的社會願景，比他的追隨者想承認的更加黑暗。他的多數想法並不新鮮，在文化上已經過時了。我說，那個自由主義經濟學家有可能只是反動分子嗎？我只是問問。

那名理性主義者把頭髮撥到一隻耳朵的後面。她說，逆向主義遭到低估了。總的來說，逆向主義的智識貢獻是正的，目前很難判斷哪種觀點站得住腳，所以寧可多辯論，也不要少辯論。她說：「舉例來說，那些廢奴主義者。」我問她，廢奴主義者和自由逆向主義有什麼關係？「嗯，」她說，「有時少數人的意見獲得正面、廣泛的採納，而且是好的。」

71 譯註：雙殼素食主義者以純素食為主，但也吃雙殼類（如牡蠣）。

72 譯註：訂製嬰兒是基因由父母、醫生選定，以獲得具某些特質的嬰兒。

這種中立說法很難反駁，有些少數派的觀點確實促成好的改變。我想姑且相信她，但我們又不是在談中立說法，我們在談歷史。

我拿起一個杯子，希望那是我的，然後啜飲了一口紅酒。接著，我大膽地表示，廢奴也許不是少數人的立場。我說，奴隸本身肯定也是廢奴主義者。沒人問他們的意見，不表示他們不存在。我試著表現得一派輕鬆。我只是想表現得友善一點，盡量不讓我們倆難堪，雖然為時已晚。

那名理性主義者若有所思地轉向現場的其他人，他們現在聚在客廳裡，開心地指示虛擬助理播放健身音樂。她嘆了口氣說：「好吧，但是為了討論，如果我們把取樣局限在白人呢？」

三一　你還想給這些人更多權力？

創投是一種干預，一股蠻力。去年夏天，這家開源新創企業在B輪融資中，募得了兩億五千萬美元，公司估值達二十億美元。資金挹注帶來新的期望。畢竟，創投業者已經在一個以發布自由軟體為基礎的事業上，押了加倍的賭注。

驅動創投的價值觀是成長、加速、快速獲得報酬。這些價值觀有變革轉型的力量，它們可以解釋諸多現象，例如：為什麼搜尋引擎巨擘會從全球知識的學術資料庫，轉型為廣告巨擘；為什麼愈來愈多人把「先斬後奏，別怕做錯」（ask forgiveness, not permission）、「完成比完美更好」（done is better than perfect）當成口號；為什麼「軟體利潤」在聖卡洛斯（San Carlos）南部幾乎跟催情劑差不多。這家開源新創企業必須再次成長，而且這次得再快一些。

自從我加入公司以來，公司增加了近兩百人，達到約五百人。它開始看起來像其他公司——至少表面上是如此。開始有人談時間表，談衡量指標。一批有經驗的企業員工加入領導團隊，也有一批人離開，領導高層有如一扇旋轉門。每隔幾個月，工程部就會重組。沒人知道其他人在做什麼，沒人知道誰負責什麼。一名高階管理者開始制定策略，我問一個同事他做什麼時，同事告訴我，他負責召開策略會議。

董事會任命了一位新的財務長。公司重新評估了員工福利及一些工作職能。橢圓辦公室拆了，換成一家咖啡館，以向這家新創企業分散在不同咖啡館的草創根源致敬。公司內部那家咖啡館與其他咖啡館沒什麼兩樣——大家會去那裡跟咖啡師眉來眼去，一邊瀏覽社群媒體，一邊假裝工作——只不過這裡的飲料是免費的。程式設計師的獨處小亭子也拆了，現在變成開放工作空間。免費贈品商店換成自動販賣機。公司政策變得比前更嚴，預算大幅削減。「社群影響」團隊的成員聚在一起喝茶，每個人看來都很疲憊，愁眉不展。有令人信服的證據顯示，公司行將被收購或者退場（exit）。

我和同事都在猜測，哪家公司可能收購我們。當時只有兩個真正的選擇：搜尋引擎巨擘，或總部位於西雅圖的那家愛興訟的軟體集團。後者向來喜歡藉由訴訟來對付開源軟體社群，但他們最近關了自己的競爭專案，我們的創辦人竟然沒有公開地幸災樂禍。

我們公司的一名金主在社群媒體上發布了一張照片，照片中，軟體集團的執行長在一次創投高峰會上，與我們的執行長正深入交談。照片在私人聊天室與祕密頻道上流傳，我們仔細檢視那張照片，投入程度猶如犯罪偵察。一個工程部的朋友說：「創投喜歡互甩老二。」他確信，總部位於西雅圖的那家軟體集團將會收購我們。「不然沒有理由貼出那種照片。坦白講，如果真的被收購，我會很高興。因為不管怎樣，我最終可能還是會為他們其中一家工作。」

公司有了資本挹注，業務員也跟著大批湧進。他們每天帶著低過敏性的訂製犬（designer dog）〔73〕來辦公室，那些狗常困在電梯裡，在桌底下大便。他們一邊在吧台喝冷萃咖啡，一邊撂一些縮寫詞。他們霸占了三樓的音響系統，播放排行榜歌曲與柔和的電子舞曲，工程師只好轉戰下面的樓層。

我看著男人在一樓的酒吧，有一搭沒一搭地打著乒乓球；走進飄著鬍後水味道的空電梯；打開業務部所在樓層的冰箱，發現裡面擺滿鮮混合奶油與牛奶的液體（half-and-half）時，我心想，我見過這場景，以前我在書裡看過。

• • •

我認識的科技工作者中，似乎有一半的人開始對社會主義感興趣，或者，至少有興趣在社群媒體上拿社會主義開玩笑，例如分享貓咪的迷因（「社會主義喵！」），以

73　譯註：訂製犬是由兩種純種狗交配而成。

及開玩笑說要破壞資本主義。感覺有東西在動，或是在生根。大家第一次透過他們的白領工作接觸政治。他們在網路上發展理論框架，開始認同工人。他們在公司的吧台一邊喝著免費雞尾酒，一邊談論全民基本收入。

在社群媒體上，據傳那些頭像是獸設（fursona）[74]的人之間有一些歧見。網站穩定工程師在上班時間，貼出微妙的馬克思主義評論。科技公司的勞力反撲，似乎在地平線上露出曙光，正慢慢成形。

諾亞和那家資料分析公司的另一名早期員工，正在開發一個app（他堅稱是應用程式，不是app），以促進職場的集體行動。我去柏克萊找他時，他說：「當然，有人批評我們把動員勞工拿來變現獲利。」他的共同創辦人認為，這是讓資本主義更好、運作得更有效率的一種方法——不用說，他們便是以這個說法為賣點，拿它去向投資人募資。他們曾考慮透過種子加速器募資，但上網做了三十秒的研究後就放棄了。種子加速器創辦人在微網誌中寫道：「仍有工會的任何產業都潛藏著能量，等著新創企業去釋放。」加速器宣稱，他們想要那些有意打敗體制的人，但是動員及組織工人的工具，對於體制的打擊可能太大了。那是錯誤的協作軟體類型。

在公司總部，我謹慎地向一名工程師表示，我對科技業勞工工會的前景感到興奮。我說，如果大家抱持共同的利益，也許大家會更重視保全人員，也許公司的資金可以稍微分散，讓更多人享用；也許打造工具的人可以對如何使用工具有發言權；也許我們不該那麼快認同有群眾魅力的執行長；也許我們不該假設金錢、津貼、就業市場將永遠存在；也許我們應該考慮到有可能會衰老。我們到底在做什麼？幫別人變成億萬富豪嗎？億萬富豪是病態社會的特徵，他們不該存在。沒有一種道德結構可以接受有人累積如此龐大的財富。

工程師搖著頭說：「請不要開始引用馬克思的話，說我們的同事需要掌握生產工具。」他提醒我，他出身貧寒，自學程式設計之前，曾在工廠裝配線上工作數年。「他們不是想要團結或長壽的方式，只是想獲得個人優勢。我接觸石棉時，沒有一個在常春藤盟校念資工系的人來幫我。」我挑錯了聽眾，我沒想到會遇到這種論點。

工程師說，這只是迷戀手工藝的下一階段，就像臨場動態角色扮演遊戲（LARPing）和火人祭一樣。「這是一款工人階級的大型多人線上遊戲（MMOG）。」他瞪了我一眼後繼續說道，「我們不是弱勢群體。」

我為自己的階級特權感到羞愧，也為我視為理所當然的一切感到羞愧。我與體力活最接近的一次，是在一家獨立書店的地下室拆紙箱。我去幫我們倆拿了一些柑橘味

74　譯註：「獸設」fursona是由furry（獸人）與persona（人格設定）兩字結合而成，是指獸愛好者在網路社群使用的虛擬動畫形象。

的氣泡水，之後我們針對科技勞工的工會該為了什麼罷工，開了一些尷尬的玩笑（例如，為了人體工學鍵盤、更包容的辦公室養狗政策而罷工）。我還是無法讓情緒好轉，我們都無法釋懷。

工程師說：「人們需要工會是為了安全感。工會可以保護我們免受什麼傷害？尷尬的交談嗎？」

• • •

遠距工作的同事提出需求。他們常說感覺自己像二等公民。隨著公司變得更企業化，公司文化也從「遠距優先」轉變成「遠距友善」。這家新創企業早期的技術烏托邦主義，並未壯大起來——儘管這不是因為大家沒嘗試過。

在一次內部討論中，一些遠距員工群起爭取福利。一名自稱數位遊牧族的女性說，既然舊金山總部提供食物與飲料，照理說，公司也該提供遠距員工買零食與飲料的津貼。她寫道：「我會去一家咖啡店工作，我去那裡時得點一些東西，但我根本不喝咖啡。」

有人指出，總部有清潔小組，「如果公司可以提供打掃津貼，他絕對不會拒絕的。」他補充說道，以防自己講得不夠清楚。

一個工程師寫道：「提供改善居家辦公室的年度預算，很有幫助。」他列出一些目前無法報帳的項目：辦公設備、迷你冰箱、牆面裝飾、家具維修。

一名業務人員說：「超過四小時的航班應該讓員工訂商務艙。如果我能在飛機上睡個覺，我代表公司出差時，可以做得更好。」

有人提議補助家庭健身器材，例如公路自行車或跑鞋、衝浪板或滑雪板。一名客服人員說：「我們可以登記那種每月配送的零食盒。」她的要求竟如此卑微，令我動容。

另一名工程師寫道：「我希望公司提供的健身福利更有彈性。我去健身房覺得很不自在，所以漆彈射擊遊戲是我主要的健身方式。如果公司的健身福利金能用來支付這項活動的裝備與漆彈，那就好了。」

那名工程師朋友傳了一串討論的連結給我。他寫道：「**我說的就是這種情形。看看這串討論，然後告訴我，你還想給這些人更多權力。**」

•••

一個朋友介紹我認識某位軟體開發工程師，某日，這名工程師來公司總部與我共進午餐。他說，他從未來過我們的辦公室，很想來親眼目睹一番。在一家深受工程師喜愛的公司工作，讓我不勞而獲別人的信任。我沒告訴他，如今我幾乎都是穿著鬆垮的內搭褲在家工作。

開發工程師抵達辦公室時，我覺得他跟以前有點不一樣，感覺大搖大擺了起來。他一向穿著講究，全身上下都是可機洗的衣著，但是今天他穿皮夾克，戴著飛行員墨鏡。他打量一排排無人使用的站立式辦公桌時，我小心地打量他。他說：「所以一切就是在這裡發生的。」並讚許地點點頭。我已經忘記這個開源新創企業對外界人士的意義。這名開發工程師只在大公司工作過，他告訴我：他只是大機器裡的小齒輪，完全不像這裡。

我們把午餐帶到屋頂，坐在陽光下享用。一串串咖啡館的燈光在兩倍寬的躺椅上方擺動，由棕櫚葉構成的隱私屏障保護著。隔壁公寓大樓的游泳池裡，一名女子悠然自得地游了幾圈。這種天氣令人昏昏欲睡。我想拿本小說，躺在白色軟墊躺椅上舒展一下。我希望某個有權威的人來提醒我，要擦防曬霜。

我和開發工程師一邊吃著蕎麥麵，一邊閒聊。過了約半小時後，他折好餐巾放進外賣盒裡，然後若無其事地問我，知不知道有新聞報導某個匿名來源洩露了一批檔案。那是幾個月前發生的事，事情鬧上新聞頭條好幾天：那些檔案暴露了許多知名政客、億萬富豪以及企業家的個資。那是為了報復富人不民主的行為。報紙仍在報導那個事件的後續發展。

我說，當然知道，並問他為什麼提起那件事。

開發工程師靠向椅背，轉過頭來對我笑了笑。他做了個微妙又迅速的手勢，舉起雙手，翹起雙手拇指指向自己的胸膛。

• • •

我很生氣，不知道該怎麼處理這個資訊，我甚至懷疑那是不是真的。開發工程師解釋，他之所以告訴我，是因為他對媒體報導感到失望。他想傳達的訊息是，普通公民可以揭露富豪權貴濫用權力的行為——他沒有情報背景，他只在乎結構性的不平等——而且多數陰謀論很無聊。他說，牽動歷史的事物，往往是隨機、偶然的。他想找一個人，以更多的行動、更有個性的方式來講述他的故事。他認為我可能在紐約認識一些記者，可以幫上忙。

紐約的記者告訴我，那件事情的熱度已經過了。儘管如此，我還是無法停止思考那件事。我很欣賞有些工程師依然認為他們的技能蘊藏顛覆力，可以為大我作出貢獻，而不是只追求小我的利益。這些人把二、三十歲的青春，花在這十年來最有價值的上市公司的開放式辦公室裡，從狀似餵鳥器的容器取用免費麥片，壓扁一瓶又一瓶喝光的水果味礦泉水，覺得工作無聊透了，卻無法放棄定期匯入的薪資——真是缺乏想像力。矽谷有如此巨大的潛力，而且其中有很大一部分集中在廣告技術上，那是網路經濟的洩洪道。

我喜歡這樣想：每天在街上與我擦身而過的一些程式設計師，可能也對企業日益感到幻滅；他們想要更好的東西；他們非常了解自己正在貢獻的全球體系，想要改變它，並願意為此冒險。我向來喜歡正大光明的流程，那件事把我嚇壞了，不過，它也激發出一種興奮或希望的感覺。

三二　科技，就只是生意罷了

在北加州，你感受不到自然的時間流逝。大量的後殖民、非本地植物群把我搞糊塗了。我總是吃過期的優格，總是努力回想季節。我已經三年沒看過雨了，難怪舊金山被稱為「彼得潘的城市」，難怪那麼多人想永遠活在當下。這裡很容易忘了有人在變老，或有人會變老。

某天下午，我們在辦公室的吧台閒晃時，一位同事說：「十多年來，我一直過著二十幾歲的生活，我都快四十歲了。為什麼我一週要去聽三場音樂會？我不是應該養兒育女了嗎？」

一群同事已經開始搖雞尾酒、喝啤酒了。有人開了一瓶粉紅色的普羅賽克氣泡酒。兩個穿著相同連帽衫的男人，在玩隨意的推移板遊戲。打乒乓球的工程師盡責地來回打球。透過DJ舞台後方的那片落地窗，我看到一個男人躺在人行道上，褲子拉到大腿中間，側著身子在陽光下打盹。

同事說：「我家鄉的朋友為了房貸和配偶吵架。」她盯著咖啡杯，嘆了口氣，「每個人都變老時，這一切會變成怎樣？什麼時候就變得不好玩了？」

• • •

現在還好玩嗎？有好玩過嗎？那年夏天，我滿二十九歲，開始想要一些我二十五歲時不想要的東西。我養成了迫不及待瀏覽房產app的壞習慣，彷彿我在等待科爾谷（Cole Valley）一棟翻修的維多利亞式建築主動來向我詢問：我的邁爾斯—布里格斯性格測驗（Myers-Briggs）是哪一型。

我開始指著街上的嬰兒，好像我只在百科全書中見過似的。我會跟伊恩說，你看！小嬰兒！彷彿我們在賞鳥，或剛剛看到一顆流星。

• • •

派翠克為了慶祝生日，在穆爾森林（Muir Woods）附近的一個露營地（嚴格來說，那是騎馬場），舉辦了一場小型派對。邀請函上寫著：「有人主動幫忙支付馬場體驗，非常建議你騎馬前來。」

那個週末，我和伊恩來到馬場，看到一群電腦工程師穿著戶外服裝，正在攪拌一大盆沙拉，但沒什麼效率。烤架上放著幾片鮭魚，畜欄是空的。我問起騎馬的事時，一個穿著刷毛背心、看起來很開朗的創業者說：「啊，你知道舊金山就是這樣，連馬兒都不可靠。」

伊恩與他崇拜的一名工程師聊了起來。那個人是概念性、實驗性使用介面的設計師。我很少聽伊恩談電腦科學。他幾乎絕口不提工作，所以我很容易忘了他有多熱愛工作、工作上的謎題，以及工作的魔力。我坐在野餐桌上，試圖慢慢加入兩位工程師的對話，他們正在聊青少年文學。

其他人在場時，我沒有花很多時間和派翠克在一起。但我認識他夠久了，知道我在他的社交圈中是局外人，他的社交圈主要由科學家、創業者與技術人員組成。我常常不好意思告訴大家，我在客服部工作，之後又為我的不好意思感到生氣。每當我感到不安，就會變得好辯，或咄咄逼人，或不知所措，這種反應對我來說毫無助益。我經常拉創辦人來辯論：眾包評論網站是否算是「文學」。我常主動提出反私有化的論點，找人爭辯。

現場氣氛歡樂和諧，我設法管好自己。談話時而熱絡，時而不了了之。派翠克說話時，不是他社交圈裡的人也會靜下來，靜靜聆聽，彷彿那是神諭似的。不過話說回來，我也想聽。

我們把鮭魚從烤架上拿下來，放進沙拉裡，圍坐在野餐桌邊享用。晚餐吃到一半時，另一個穿著戶外服裝的消瘦男子，拿著一個塑膠袋走進營地。派翠克興奮地跳了起來。他解釋，袋子裡裝了兩台有數位讀取裝置的血糖監測機。監測機在美國很難買到，讀取裝置又必須進口。我們看著他打開包裹，把感應器扎進手臂中，倒抽一口氣。我試著和伊恩交換意味深長的表情。派翠克並沒有糖尿病。伊恩說：「這是什麼？看起來很酷，我想試試看。」

過了一會兒，有人拿出一個小蛋糕和一支蠟燭。我們唱起〈生日快樂歌〉，派翠克的臉漲得通紅。

當歌聲結束、對話打住時，他說：「好，我們把火撲滅好嗎？」我建議讓它繼續燒。我們可以搭起帳篷，然後喝威士忌聊天，聊到深夜或太冷再休息。這一直是我最喜歡的露營部分：大家交流一些私密與心事，持續聊到深夜。我對這種聊天活動很興奮，渴望找到大家的共通點，看大家稍微放鬆一些，但派翠克似乎很困惑。

我環顧一下這群人，馬上明白大家本來就不打算露營，只有我和伊恩帶了帳篷。十分鐘內，派對就結束了，東西都打包進紙袋，烤架刮乾淨，垃圾回收都分好了。大家帶著剩菜與冷藏箱，以共乘的方式離開現場。車燈映照著道路，繞過一個彎道就消失了，這時還不到晚上十點。

「我想，這地方只剩我們兩個了。」伊恩說，環顧四周。我們竟然在馬林的戶外馬場中央露營，這突然顯得很荒謬。那個場地感覺毫無屏障，大得離譜。畜欄微微發光。不知道公園管理員會不會來。如果來了，我們要不要為失蹤的馬兒負責？我們會挨罰嗎？這裡是國有土地，我們在這裡露營有沒有犯法？為什麼我會以為我們都會睡在這裡，彷彿大家隔天都沒事做似的？另一方面，我也覺得難過，因為他們那個週末都有其他事情要處理，而我唯一的計畫卻是做個果蠅捕集器。我有點生氣，我不想因為自己無所事事、想喝威士忌、想瞎掰星座而感到羞愧。

我說，我們應該直接回家。伊恩搖搖頭，他剛剛喝了幾杯啤酒，我又不會開手排車。道路沒有燈光，蜿蜒曲折。於是我們搭起帳篷，刷了牙，把水吐在地上踩進沙子裡，然後並肩躺在睡袋裡，聽著紅杉在風中搖曳的聲音。

儘管我不想要派翠克與他朋友想要的東西，但他們選擇的生活對我仍有一些吸引力。我羨慕他們的專注、他們的投入，以及他們知道自己想要什麼並且敢大聲說出來——這些，向來令我羨慕。他們都很多才多藝，身強體壯。即使我幾乎不懂他們從事什麼工作，只知道他們都很在行，那也不減我對他們的羨慕。

派翠克二十八歲時，建造了一套複雜又龐大的系統，它很實用，大家似乎都很喜歡。他和那些朋友日後似乎可能主導這個產業，我很好奇到時候會是什麼樣子。我也很好奇，從個人層面來說，那意味著什麼。我們的友誼已經需要某種程度的區隔，應該是雙方都需要區隔。我很好奇金錢與地位會不會改變他，不知道我會不會變成累贅。我擔心，他那種地位的人往往不得不符合預期：他們要負責的體系不僅強大，而且是一台機器。派翠克是理想主義者，而且性格獨立，但他的職業要求以及結構性地位的社會慣例，似乎最終會要求他與自己作對。看到他在社群媒體上塑造出公開形象，那感覺很奇怪——看到他有追隨者與粉絲群很奇怪。而且他偶爾會支持或推薦一些令我驚訝的書籍、政策或立場，我覺得難以接受。私底下，他很有趣，考慮周到，思想開放。但他的公開形象常和我有歧見，而且愈來愈出名，影響力與權力愈來愈大。

我與伊恩聊了聊這些想法，當時他正戴著頭燈看書。他聳了聳肩，頭燈的光線在帳棚的門簾上跳躍。他說：「我覺得你低估了你擁有的、但他們可能沒有的東西。」我轉身面向他問道：「你嗎？」他說：「你人真好。但我覺得是比那更宏大的東西，某種值得考慮的東西。」

• • •

我覺得，不管什麼東西是我擁有、但矽谷人沒有的，那正是我過去四年來試圖昇華的東西。在科技業工作，讓我擺脫了個性中情緒化、不切實際、矛盾、麻煩的那一面——那部分的我想知道每個人的感受，想被感動，而且沒有明顯的市場價值。

最後，我會承認，從非經濟的角度來說，那些特質的價值，其實不比創辦人與科技人重視的特質還低，但它們也不是更有價值，只不過兩者是全然不同的價值罷了。我改變及服從的原因很務實——為了金錢、社會認同、穩定感——但也有個人的原因。我依然堅信，我可以在工作中找到意義與成就感——這是二十多年來的教育肯定、父母鼓勵、社會經濟特權、世代迷思的結果。我不像那些矽谷人，我不知道怎麼表達我想要什麼。因此，為了預防不確定性、孤立與不安，比較安全的做法是，加入做得來的群體——那個群體不斷告訴自己及世界，他們比較優越。

遺憾的是，時間一久，這些動機就開始變調。那些我努力爭取認同的對象，其實沒什麼優越之處。他們大多很聰明、友善、有抱負，但有很多人都是如此。新奇感漸漸消失，整個產業瀰漫的理想主義令人愈來愈懷疑。大致上，科技說不上進步，就只是生意罷了。

這讓人鬆了一口氣，卻也令人失望。或許，這也是為什麼，我對矽谷年輕創業家仍懷有同理心。他們之中有許多人，從十幾歲開始就自己選擇了這樣的生活，如今至少過了十幾年這樣的日子。我想，他們當中肯定有些人想轉換跑道，嘗試不同事物；他們之中肯定有些人開始對道德、心靈、政治產生擔憂。我對他們抱著各種預測。

我確實曾想過，結局會是什麼樣子。我想像自己以非技術女性的身分，在科技界追求成功：成為中階經理，接著成為高管，然後成為在大會上發言的顧問或教練，以激勵更多女性。我彷彿看見自己站在舞台上，強作微笑，手握遙控器，感覺自己的卷髮正在變塌。我可以想像我寫部落格，闡述個人的商業理念：如何浪費機會；如何避免談判；如何在老闆面前哭泣等等。我願意比男同事付出加倍的努力，即使得到的重視只有他們的一半。我願意把時間與精力奉獻給公司，期待公司也願意對我同樣付出。我會根據市場做出決定，這些決定會得到市場的回報；我會覺得自己很重要，因為我覺得自己是對的。

我喜歡感覺自己是對的，我很愛那種感覺。遺憾的是，我也希望感覺良好。我希望想辦法在我能力所及下，好好地過生活。

• • •

有很長一段時間，我一直相信，創業者的抱負核心裡，存在著一種渴望，一種沒人願意承認的軟性面向。公司內部開的瑜伽課、公司開發的冥想app、選擇性信奉的斯多葛主義、迂迴的思想領導等等，背後都有某種精神層面。不然，你要怎麼解釋那些儀式與集會、大會與外地度假會議、企業布道大會、新創企業的忠誠與狂熱——現代化與優化之類的工作福音？我深信「脆弱性／示弱」（vulnerability）這個概念。

這些大男孩到處遊蕩，敏捷而偏執，容易走極端，與世界對抗，直到他們找到適合自己的地方。我認為他們有一些對象需要打動，有父母需要取悅，有兄弟姊妹需要競爭，有對手需要擊敗。我認為他們的真實願望是可以理解的：是為了社群或親密感，他們只是希望被愛及獲得理解。我知道，打造系統並使系統運作，那本身就給人很深的滿足感——但我也認為每個人都想要更多。

我一直在尋找感性的敘事、心理層面的解釋、個人經歷。一些可以開脫罪責的故事，來培養我的同情心。那不單只是想要相信成年是青春期的精神解脫，是刻意修正的歷史。我之所以對創業階層的精神、情感、政治可能性如此好奇，其實是因為，我一直想減輕我參與這種全球剝削專案的內疚（儘管徒勞無益）。但更重要的是，這也是一種預測：他們將成為下一代權力精英。我想相信，隨著世代更替，未來那些握有經濟與政治權力的人，會打造出一個不同、更好、更廣闊的世界，而不是只為他們那樣的人打造的。

後來，我為這些幻想感到悲傷。不僅是因為這種版本的未來本質上是不可能的（畢竟，這種不負責任的武斷權力正是問題所在），也因為我根本是自己在兜圈子。我在找故事，我早該看出一個系統的。

矽谷那些年輕人做得不錯，他們熱愛自己的勤奮，熱愛自己的工作，熱愛解決問題，無憂無慮。他們天生就是創造者，至少他們自己是這樣想的。他們放眼望去，任何東西都有市場，處處都是機會。他們對自己的想法與潛力有堅定的信念，對未來欣喜若狂。他們擁有權力、財富、掌控權。真正存在那種渴望、那種柔性面向的人，反而是我。

三三　總統大選

我們都老大不小了，不能再以天真為藉口，也許可以說是狂妄自大。冷漠、沉溺、理想主義。有些人出現某種自滿，近幾年又過得還不錯。我們以為一切都會過去，只是最近工作太忙了。

當跡象開始顯示我們或許錯了，或許美國總統一職，確實可能由一個曾在真人實境節目中扮演成功商人的房產開發商擔任時，所有人想出了最後一招，死馬當活馬醫：公民參與。一群創業家集資投入「動員投票」活動，試圖透過行動app與社群媒體上的精準投放廣告，來鼓勵千禧世代親自完成一項任務。數位捐款大量湧入，我們這家開源新創企業決定，要在選舉日打出一個橫幅廣告，提醒美國用戶選舉日到了。

每當遇到政治危機或社會動盪時期，沿海城市的美國富裕白人習慣往內地發展。我秉持著這個傳統，也開始往美國內部發展。我以為我們已經勝券在握了，我把矽谷視為一列勢不可擋的火車。我已經相信科技公司那套自吹自擂的浮誇，以為事情會朝著有利矽谷的方向發展。我不知道，究竟是創業階層幻想他們能改變歷史的軌跡比較瘋狂，還是我相信他們能做到比較瘋狂。

• • •

十一月初，我打開筆電，發現服務條款團隊為一個檔案庫大傷腦筋。那個檔案庫據稱正在匯集一些研究，研究對象是華盛頓特區一家披薩店的性販賣[75]與戀童癖集團。我瀏覽了聊天記錄，試圖跟上最新發展。那些內容與總統競選活動外洩的電郵有關，但一切都混在一起，模糊了起來，帶有一絲陰謀論的氣息。

我實在提不起勁參與這件事，不知道自己在看什麼，也不想看。我的隊友似乎掌控了局面，我深深感謝他們——感謝他們願意解決這些突發事件；感謝他們對網路這些易受攻擊的雜亂環節，抱持良好的幽默感與好奇心。他們把「旋轉披薩片」的表情符號丟進團隊的聊天室時，我把注意力轉向侵權下架。在那件事情變成全國關注的新聞焦點以前，我沒有再多想那個檔案庫。

後來，我不禁懷疑，我之所以忽視那件事，是不是因為我是科技業的產物——厭惡脈絡，強調速度與規模，而且極度短視——只是我不想承認罷了。又或者，那可能是我個人的關係；也許我沒有分析力，也許我不是系統思考者。

即便如此，那些系統思考者也忽視了那件事。

• • •

我與派翠克共進晚餐，我看到他坐在餐廳的後面，正在看餐廳提供的雜誌。他等著我脫掉外套，然後隔著桌子把身子靠過來問道：「科技業的冬天來了嗎？」我心想，舊金山從來沒有冬天，但馬克．吐溫覺得舊金山永遠是冬天。之後我才意識到，他是套用一本暢銷奇幻小說的比喻，冬天是指令人提心吊膽的最終結果。

選戰期間，矽谷受到愈來愈多關注。很多雜誌之前會詳細分析科技公司內部餐廳的供餐，細膩到簡直像企業向美國證券交易委員會（SEC）提交的報表一樣，但現在那些雜誌開始重新考慮支持者的觀點。大家開始談論反托拉斯、消費品安全法規、專利與版權法。他們開始以批判的眼光看待網癮，以及科技公司如何導致經濟不平等加劇。他們開始意識到，社群網站上傳播著錯誤資訊與陰謀內容。這個產業早已習慣受到關注，但不是這種負面關注。

「科技業不會有問題的。」我一邊說，一邊拿麵包沾橄欖油。即使科技業面臨清

75 譯註：性販賣是指以性剝削為目標的人口販賣，包括性奴役。

算，結果不過是開發協作軟體、銷售鈕釦襯衫、或雇用低薪約聘員工的新創企業減少罷了。對我來說，那不像世界末日，我並不擔心科技業。總之，不管情況再怎麼糟，還有比科技業過冬更慘的事。派翠克點點頭。他看上去跟我一樣疲憊，現在不是再度爭論矽谷優點的時候。

我說，我想聽聽對未來的樂觀看法，他有什麼可以說出來聽聽的。我太習慣聽他主張跟我相反的論點，鼓勵我振作起來，讓我感覺未來煥然一新。他相當能幹，也很成功，肯定對當前的情況有一些解決辦法。派翠克低頭看著自己的手說：「我真的不知道，感覺很悲觀。」

用餐快結束時，他跟我道歉，說他要接一通工作的電話，但不會太久。他的公司正要結束新一輪的融資，那只是穩定未來的另一根支架，目前有太多政治不確定性。我們平分了帳單，離開餐廳，拉上了禦寒的黑色羽絨衣拉鍊。

我們走在佛森街（Folsom Street）時，派翠克加入一場電話會議。街道一片漆黑，四下無人。他從背包中掏出平板電腦，打開電郵，用手指在幾份文件上簽名。他在這世上穿梭時，舉手投足所展現的自在與自信令我驚訝。我試著稍稍放鬆我緊握著手提袋的掌心。

我們從高架公路下經過，向蘇馬區走去。我瞄了一下派翠克，他正愉快地以輕快、完整的句子聊天。如果科技業的寒冬**真的**來了，不知道那對他來說意味著什麼。我對其中的利害關係一無所知，也不知道寒冬對誰比較傷，是他、還是我呢？

幾週後，瀏覽那個嚴密監控的留言板時，我得出一個簡單的結論。評論人士正在討論派翠克的新創企業，最近那家公司因最新一輪的融資而上了新聞：那家公司的估值，在矽谷的私有企業中名列前茅。原來，那天晚上，在高速公路的燈光下，他已經變成最年輕的白手起家億萬富豪之一。

• • •

我打電話給聲稱他主導那次知名洩密事件的開發工程師。我問他，你能不能做點什麼？我覺得自己這樣問好像孩子，我用腳摳著地毯。

他沉默了片刻。「我不太清楚你要的是什麼，」他說：「這是很緩慢的工作，可能需要好幾個月，而且無法保證什麼。」我也不確定我到底想要什麼。也許我想確認自己對資訊烏托邦的信念，也許我想知道網路大規模發展下去的理由，但我們沒有幾個月的時間，只有幾天。

• • •

我和兩個大學同學及一個業務團隊的同事開車去雷諾（Reno）。我們住進一家海底主題的賭場，就像單身女子派對一樣，只是我們沒有要慶祝什麼。我們都忘了帶泳裝，因此沒辦法使用賭場的游泳池。我們也沒玩賭場的吃角子老虎機，只在賭場內走來走去，把不滿發洩在社群媒體上，貼出賭場的室內棕櫚樹、燈光照明水景、藍色背光的人魚與海豚噴泉的照片。那天晚上，我們兩兩同睡一張床，整晚都睡不著，一直清醒地躺在黑暗中。

翌日上午，我們前往一個志工中心。途中，我們跟在一輛掛著加州車牌的電動車後面，轉進一條商店街。排著隊領寫字夾板時，我才發現我不知道我們身在何處。我們之前只把地址輸入地圖 app，就盲目地照著 app 的指示來到這裡，就像我們從舊金山開車過來一樣。現在我們有可能在任何地方。

接下來的那兩天，我四處拉票，在雜亂拓展的郊區裡穿梭走動。我討厭用這種方式引人關注，也討厭這樣對陌生人強迫推銷。我討厭我們踏著沉重腳步踏上門廊的那一刻，他們都知道接下來會發生什麼事。在街道安靜的工人階層社區，半數汽車的擋風玻璃上，貼著共乘新創企業的貼紙。我同事聽聞業務團隊開始裁員，對此憂心忡忡。一台汽車的保險桿貼紙寫著「祈求上天降低通膨」。

選舉日那天，我滿懷著焦慮與樂觀，在外套上別了個狀似子宮的琺瑯別針，然後去尋找早餐。一排男人坐在吃角子老虎機旁邊抽菸。賭場咖啡吧的女人幫我結算早餐費時，我問她那天打不打算去投票，同時複述一段我當初拉票時所背下的開場白。她搖著頭說：「今年不打算投票。」我嚇了一跳。我說，我不怪你。但我不確定我是不是真心這麼想。

那天幾乎沒有人應門。我們拖著沉重的腳步走著，接著坐在路邊分享開水與零食。我的一個大學同學戴著一條字母串成「毒婦」（nasty woman）〔76〕二字的項鍊，身穿印著一隻貓和「This Pussy Grabs Back」〔77〕字樣的T恤。在我的手機裡，名人穿著時髦的褲裝，看起來光彩動人；陌生人把「我投票了」的絨毛貼，貼在那些推動婦女參政運動的活動份子墳墓上。一名創投業者發布了一張照片，照片中，他把一瓶伏特加酒放在一瓶香檳的旁邊，並為照片加上灰階濾鏡，以營造歷史感。朋友在投票站外分享自拍照，他們沐浴在秋天的陽光下，表情堅定而樂觀。公司的聊天室一反常態地低調。我活在注意力經濟下，使我對很多事情變得不聞不問。我的社群媒體上充斥著女權

76　譯註：「毒婦」是川普在第三場總統辯論會上攻擊對手希拉蕊．柯林頓所用的詞。

77　譯註：二〇一六年美國總統大選期間，《華盛頓郵報》發表了一段影片，內容是當時的總統候選人川普於二〇〇五年與電視主持人比利．布希的某次交談。影片中，川普說可以對女性「grab them by the pussy」（抓她們下體）。pussy有女性下體及貓咪的意思，T恤寫的意思是「貓咪會抓回去」，亦即反擊川普。

主義口號、肖像，以及相關產品：狀似裸露乳房的陶瓷花瓶，印著「未來是女性」的嬰兒連體衣。這幾個月以來，我的網路一直是這個樣子。

這種情況並未轉移到內華達州的郊區。女人站在紗門後方看著我們，她們看到我們拿著寫字夾板，身上貼著愛國貼紙，以及美化的沿海企業女權主義，便直接搖搖頭。在一個充滿小型休旅車與華麗景觀的富裕社區，我們來到一條死胡同的彎角，靠在租來的車子上，低頭看手機。我拆下子宮狀的別針，收進口袋裡。這感覺是有可能的，似乎是真實的。就像慢動作一樣，我感受到方向突然轉變。

投票即將結束，天氣愈來愈冷。

後記

大選後的幾個月，朋友與同事都過得不太好。有人胃痛，有人失眠，有人求助占星術，有人借酒澆愁，有人開始抽電子菸，有人去做頌缽音療（sound bath），也有人覺得服用微量迷幻藥有助於避免憂鬱上身，或恢復失去的生產力。他們在電郵問候中加入「考慮到當前的情況」和「儘管新聞報導」之類的措辭。每個人都陷入深刻且毫無意義的魔幻思考。

在嚴密監控的留言板上，評論人士討論了一個理性的馬歇爾計畫（Marshall Plan），一種新啟蒙。在社群媒體上，一家教育軟體公司的業務領導者建議，透過群眾募資租用私人飛機，飛過支持共和黨的紅色郡縣以散發傳單，宣傳旅行禁令等相關事實。那家資料分析公司的一位前高管開始詢問他的人脈圈，有沒有人能推薦買金條的地方。每個人都說：「熟悉加密技術的時候到了。」我們這些從事科技業、或接近科技業的人，紛紛建議朋友與家人去下載加密的通訊應用程式。一如既往，我們的解決之道，是採用更多技術來解決技術問題。

執行長和創投業者（那些肩負著誠信義務的愛國人士），主動向當選的官員表示願意和解。產業領袖在機場抗議，或至少擺姿勢拍照。他們主張更大方的移民政策，優先考慮懂程式設計的移民。

所有人都在熬夜，焦慮地滑動螢幕，廣告演算法也跟著熬夜。社群網站上開始出現重力毯的廣告，那是一種專為感覺處理失調的人設計的毯子。朋友們紛紛買了重力毯，晚上睡覺時把雙手放在身體兩側，蓋著那張毯子，等待催產素釋放。法西斯意識形態與被害妄想的陰謀論盛行。長久以來，詐騙、錯誤資訊與迷因一直是留言板文化的特色，如今已經進入公民領域。酸民文化是一種新的政治通貨。

新聞中出現納粹肖像圖，服務條款團隊的收件匣中出現納粹言論。我們這個領域仍然很新，沒有統一的名稱。我們的工作在不同公司有不同稱呼，例如「政策」、「社群政策」、「信任與安全」，或「社群與安全」，或直接稱為「安全」。每家公司的團隊資歷也不同，有的成立六年了，有的才成立六個月。沒有人有能力為數百萬成天掛在網路上的人裁定他們的言詞是否恰當。在科技業之外，大家為第一修正案爭論不休。在科技業之內，我們計算著風險，判斷威脅的嚴重程度，試圖深思熟慮但機靈地反應。網路濫用的性質轉變得很快，總讓人覺得有點難以捉摸。

在一場業內人士的聚會上，一家家喻戶曉的新創企業的高階員工，跟我聊起我們這個產業的新責任。我們一邊端著裝著乳酪與水果的紙盤，一邊焦慮地討論。他傾身向前，以陰謀論的口吻對我說：「白宮裡沒大人了。」接著帶著一絲微笑說，「我們現在就是政府。」

• • •

有段時間，我以為一切都會改變，我以為派對結束了，以為這個產業即將遭到清算，以為這是結束的開端，以為我在舊金山經歷的是人類墮落前的最後階段，是我們這一代「淘金熱」的結束，是一個無法長久延續的過剩時代。

但我踏出家門，看到世界。外面有毒癮者與慢跑者，有強化嬰兒車、皮革精品店，還有沙沙作響的桉樹，一切完好無損。吊車在充滿移工的倉庫上方擺動，街車開上山坡並踩著剎車下坡。這座城市和這個產業受到生態系統的保護，持續運轉。

• • •

我大可永遠留在這個崗位上，這也是我知道自己該離開的原因。金錢與安逸的生活方式，都不足以減輕工作帶來的情感負擔：倦怠、重複、反覆的毒性。日子過得渾渾噩噩。每天早晨，我在工作室裡上班，在椅子上轉動時，感到空虛無比。我有餘裕為此做點什麼，但沒有勇氣。

二〇一八年初，我離開那家開源新創企業。我想要改變，想要寫作。過去幾年，我的動力一直是從生活中抽離自己，從邊緣觀察，試著發現正在運作的載體、框架、系統。心理學家可能把這種作法稱為「解離」(dissociation)。我把它當成一種社會學的方法。對我來說，這是一種擺脫不快樂的方法，也確實讓事情變得更有趣了。

告別一個遠距工作的職場，感覺自己幾乎沒有存在感。我上班的最後一天，透過視訊聊天做了一場六十二秒的離職面談。我在服務條款聊天室裡，扔出一個揮手的表情符號，並在公司內部的留言板上，發表了簡短的告別。一個同事在那則訊息的下方留言：「我不知道你在這裡工作。」接著，我拿著筆電坐在床上，看著我讀取內部平台的權限一個接一個消除。每個「404」錯誤訊息就像一盞燈熄滅了。整個世界彷彿關上了大門——一切來得快，去得也快。

在那裡工作三年半後，我的員工認股權大多可以執行了。儘管一直有傳聞說公司即將遭到收購，我對行使這些權利的態度還是很矛盾：那些股票並不便宜，我也不確定它們有多大的價值。

我說服自己，必須參與這種遊戲。我在九十天認購期的第九十天，親手向公司總部遞交了一張我全部存款的支票，盡可能提高我可執行的認購股數。我站在迎賓區的入口，等待認股計畫的管理員來收文件時，看到以前的同事在公司內的咖啡館中愉快地聊天。我感覺很痛苦，覺得選擇離職是錯得離譜。

以下是一些不討喜的事實：我覺得自己站在權力的高牆後方，彷彿堅不可摧。社會正在改變，我躲在帝國內部、機器裡面，感覺比較安全。身處監視別人的那邊，要勝過身處遭到監視的那邊。

• • •

離開這家開源新創公司的員工，仍會掛在聊天室裡；聊天室就像一個獨立的前員工俱樂部。大家在那裡討論我們的認股權到底值不值錢時，也會為任職的新創企業挖角。他們在上面隨便瞎扯，交流投機的理財建議。他們持續分享家庭辦公室的設計與章魚貓填充動物的照片；他們懷念著早期的員工高峰會、失去的週末，以及辦公室裡的狂歡派對。例如，某次他們完成團隊尋寶活動時，還需要跟一名脫衣舞孃自拍；某次他們把迷幻藥藏在公司總部。他們的回憶，變成了共同的神話。但我知道的故事，潛藏的口述歷史，仍然不為人知。

六月，新聞報導西雅圖那家愛興訟的軟體集團，以七十五億美元收購這家開源新創企業。一九九〇年代，那家集團曾試圖打壓開源軟體的發展，但參與交易的每個人都堅稱，如今是新的時代。

在前員工的聊天室裡，大家比較了二手的股價資訊。他們在網路上貼出自己穿著章魚貓T恤的慶祝照片。一名早期的員工寫道：「就是那種一覺醒來已經退休的感覺。」另一名前員工對這筆意外之財，表達了矛盾的心理，她寫道：「那就像一顆血鑽石，價值非凡，但也付出了難以饒恕的人命代價。」

不只是鑽石，而是礦藏。有不少以前的同事成了百萬富翁與千萬富翁，創辦人更是變成億萬富翁。創投業者終於連本帶利地大撈一筆。我為朋友感到高興，尤其是那些工作非常努力的基層員工，我也為他們的家人感到高興。對他們來說，即使認股權只讓他們賺到十幾、二十萬美元，那也足以改變他們的生活。我很好奇，公司內部會不會發展出一種內部階級，後來又想到，其實早就存在內部階級了。

我行使的股份，稅前價值約二十萬美元。以我的標準來看，這是一筆橫財，雖然對整個產業來說微不足道：它比那家人人討厭的社群媒體的員工年薪中位數還少，比早期客服人員領到的六十萬美元還少，也比我懷疑對同事造成不可磨滅的傷害的人所賺的數百萬美元還要少。我一點也不覺得自豪，只感到如釋重負與內疚。

我很幸運，還有餘裕領光銀行帳戶的積蓄來行使認股權，因為我知道，萬一我有急用，可以向家人或伊恩借錢。我有一些同事的工作是公司順利營運的基礎，他們大多是擔任非技術職位的女性，但由於住在美國生活成本最高的城市，他們的薪資無法讓他們攢下很多錢。即使他們離職時獲得豐厚的認股權，也沒有足夠的儲蓄能行使那些權利。我聽說，有些女性獲得延長行使認股權的承諾，但是在認股期限到期時，得知董事會否決了延長行使認股權的提案。收購案是千載難逢的致富契機，但他們就此與那筆橫財擦身而過。

扁平化的結構，精英制度，毫無談判餘地的待遇。系統按照設計運作著。

• • •

同年春天，那家資料分析公司的執行長下台了。「我只是需要休息一下。」他對一位商業記者說，「這是一場馬拉松。」在社群媒體上，他成為這個產業的意見領袖，開始分享創業思維，推薦治療與社群，在微網誌上即時分享自己的情緒發展。

在資料分析公司的前員工聊天室裡，以前的同事紛紛稱讚執行長決定交棒下台的決定。他們開玩笑說，要邀請執行長加入這個聊天頻道。他們看到他在微網誌上發表鼓舞人心的貼文時，不禁丟出翻白眼的表情符號。他們懷念早期的團隊，抱怨執行長，也像那些未上市公司的前員工常做的那樣，討論自己的認股權究竟值不值錢。我不禁好奇，對執行長來說，離開自己一手打造的公司，是不是很痛苦？是否很悲傷？是否後悔了？還有，多久以後他會捲土重來？

執行長離職不到一年，技術長和幾位工程師便回到資料分析公司，幫公司度過難關。我不禁好奇，他們是不是對產品有某種忠誠感——嚴格來講，他們是不是只有在解決問題以後，才感到心滿意足。我明白回鍋老東家的吸引力，雖然我知道自己永遠做不到。這不僅僅是因為，我已經捨棄科技帶來的安全感，換了個更有吸引力的工作（儘管困難重重，我還是希望這個工作能持續下去），也因為我無法想像我再次如此順從、如此消磨自己。

幾個月後，我與朋友約好共進午餐。在約定時間之前，我在教會區漫步，打發時間。瓦倫西亞街（Valencia Street）上一家希臘速食簡餐店外，有兩名男子正熱絡地交談，他們將餐巾揉成一團放在桌上。近五年過去了，但我立刻認出，其中一人是那家資料分析公司的執行長：他頭髮上了髮膠，身型瘦削，穿著綠色外套。他看起來很開心、很放鬆，也更成熟了。他看起來就像其他人一樣。

我心想，工作日在城裡吃午餐，看來他過得還不錯。接著，我轉過身，盡快朝反方向走去，我確信他沒看到我。

謝辭

非常感謝Daniel Levin Becker、Molly Fischer、Henry Freedland、Jen Gann、Sam MacLaughlin、Manjula Martin、Emily Nakashima、Meaghan O' Connell、Hannah Schneider、Taylor Sperry等人大方地分享知識與編輯洞見。感謝Nick Friedman早期的對話為這本書奠定了基礎。感謝Moira Weigel的友誼與智慧，以及持續提供系統見解。感謝Gideon Lewis-Kraus在每個階段的無限善意。

感謝Mark Krotov為這個案子所做的巧妙編輯與無盡支持。感謝Dayna Tortorici鼓勵我寫二〇一五年的舊金山與新創企業文化，並提出過人的編輯建議。我還要感謝n+1冒險給我這個新人機會。

感謝Chris Parris-Lamb跟我一起構思這本書，他始終是我的智慧、建議、條理、幽默、支持的泉源，無人能及。感謝Sarah Bolling的犀利意見與理解，也感謝Rebecca Gardner、Ellen Goodson Coughtrey、Will Roberts把這本書帶給國外的讀者。

感謝我的編輯Emily Bell，她從一開始就相信這本書，並在每個階段大力支持我。感謝MCD/FSG的出版團隊，尤其是Jackson Howard、Naomi Huffman、Sean McDonald、Sarita Varma。感謝Rebecca Caine處理這份文稿時周到而沉穩，也感謝Greg Villepique、Chandra Wohleber、Kylie Byrd、Kathleen Cook、Nina Frieman、Jonathan Lippincott、Gretchen Achilles的關心與照顧。感謝Anna Kelly、Caspian Dennis、Sarah Thickett在英國支持這本書。

感謝Jason Richman的熱情與洞見，也感謝他在UTA的團隊。感謝Johnny Pariseau與Alison Small的熱情、正直與開明。感謝Michael De Luca製作公司與Brownstone製作公司。我也很感謝Sara'o Bery坦率又重要的建議。

感謝Emily Stokes與我密切合作這本書的各部分，又大方地讓我徵詢意見。感謝Michael Luo、Pamela McCarthy、David Remnick、Dorothy Wickenden提供我繼續寫科技文化的地方。感謝Carla Blumenkranz、Anthony Lydgate、Daniel Zalewski。感謝Joshua Rothman為我的矽谷報導做充滿洞見又精彩的文字編輯。

感謝Leah Campbell、Danilo Campos、Patrick Collison、Parker Higgins、Cameron Spickert、Kyle Warren的友誼與信任。感謝David Gumbiner。感謝我在資料分析公司與開源新創企業的前同事，尤其是那些為這本書花時間、冒著風險與我交談的人。感謝加州與紐約的朋友，許多朋友幫我釐清了與勞動、生活、藝術、資本主義有關的想法——這就像任何東西一樣，是尚未完成的在製品。

感謝北方與南方的Sherman家族所展現的良善與鼓勵。感謝我的家人，尤其是David和Marina Wiener。感謝Dan Wiener和Ellen Freudenheim的熱情與指導。感謝Ian Sherman對我的愛，堅定支持我寫作，而且總是提出正確的問題。

FOCUS 23

恐怖矽谷 回憶錄

Uncanny Valley: A Memoir

作　　者　安娜・維納（Anna Wiener）
譯　　者　洪慧芳
責任編輯　林慧雯
封面設計　萬勝安

編輯出版　行路／遠足文化事業股份有限公司
總 編 輯　林慧雯

社　　長　郭重興
發行人兼出版總監　曾大福
發　　行　遠足文化事業股份有限公司
23141新北市新店區民權路108之4號8樓
代表號：(02)2218-1417　客服專線：0800-221-029　傳真：(02)8667-1065
郵政劃撥帳號：19504465　戶名：遠足文化事業股份有限公司
歡迎團體訂購，另有優惠，請洽業務部(02)2218-1417分機1124、1135
法律顧問　華洋法律事務所　蘇文生律師
特別聲明：本書中的言論內容不代表本公司／出版集團的立場及意見，由作者自行承擔文責。

印　　製　韋懋實業有限公司
初版一刷　2021年2月

定　　價　420元
有著作權・翻印必究
缺頁或破損請寄回更換

國家圖書館預行編目資料

恐怖矽谷：回憶錄／安娜・維納（Anna Wiener）著；
洪慧芳譯. 一初版一新北市：行路，
遠足文化事業股份有限公司，2021.01
面；公分
譯自：Uncanny Valley : A Memoir
ISBN　978-986-98913-7-0（平裝）
1.維納（Wiener, Anna）　2.科技業　3.回憶錄
785.28　　109018219

Copyright © 2020 by Anna Wiener
Published by arrangement with Gernert Company, Inc.,
through Bardon-Chinese Media Agency.
Complex Chinese Edition copyright © 2021
by The Walk Publishing, A Division of Walkers Cultural Co., Ltd.
ALL RIGHTS RESERVED